デカルトの「観念」論

デカルトの「観念」論

『省察』読解入門

福居　純著

知泉書館

凡　例

一　デカルトの著作は、*Œuvres de Descartes*, publiées par Charles Adam et Paul Tannery, Vrin, 1964-1974. から引用して、これをATと略記し、その巻数と頁数とを付した。

二　『省察』本文は、AT, t. VIIから引用して、その頁数と行数とを〔　〕のなかに示し、文中に記した。

三　デカルトの著作の日本語訳については、『デカルト著作集』全四巻、白水社、一九七三年、『世界の名著・デカルト』野田又夫責任編集、中央公論社、一九六七年、および『省察』三木清訳、岩波書店、一九六二年（第一六刷）、を参照した。

四　注は各部ごとに部の末尾に付した。

目次

第二部　『省察』の分析試論

デカルトの「観念」論

――『省察』読解入門――

第一部　デカルト的「観念」論のための序

Ｉ　相等性と同一性

第一節　場所のちがい

机の上に新品の百円銀貨が二枚あるとしよう。常識的には、われわれはまずそれらを〈同じ〉とみて、〈ちがう〉とはみない。なぜか。もし〈ちがう〉とみようとすれば、各硬貨の光沢の微妙なちがい、模様の微妙なちがい、丸味の微妙なちがい、等々を数えあげねばならない。しかし、そのような枚挙は或る程度までしか可能でない。〈或る程度まで〉というのは、〈ひとによって幾らでも数えあげることができる〉、〈そのような枚挙は単に主観的なものにすぎない〉、という意味である。そうだとすれば、われわれはあたかも〈ちがい〉を指摘する困難を直感してそれを予め避けるためであるかのように、〈同じ〉とみるのではないか。そうかもしれない。

しかし、〈ちがい〉を指摘する簡単な方法がひとつある。それは各硬貨の置かれている〈場所がちがう〉ということである。これは頓智のようにもみえるが、頓智にそなわる即座性を主題化するかぎり、単なる頓智ではない。その意味で、頓智とは、わかっても気がつかぬほど即座にわかるという点で、常識のいわば土台をなしているともいえる。そうだとすれば、二枚の硬貨をまず〈同じ〉とみる常識は、むしろそれらが置かれている〈場所のちがい〉によって支えられているのではないか。

しかし、その〈同じ〉とは何についていわれるのか。いうまでもなく、〈場所のちがい〉という観点よりすれば、光沢や模様や丸味等々が微妙なちがいを呈しながらも〈同じ〉なのである。それゆえ、〈場所のちがい〉を硬貨の〈外的な〉規定と呼ぶならば、その〈内的な〉規定がさまざまに異なる度合を容れうるにもかかわらず、当の内的規定が内的なものであるかぎりにおいて、そしてまた内的なものであるがゆえに、二枚の硬貨は〈同じ〉なのである[1]。したがって、二枚の硬貨各々の内的規定をすべて知りつくしたうえでそれらが〈同じ〉だといえる場合にすら、二枚が一枚に還元されえないのである以上、それは〈場所のちがい〉に依拠しているわけである。それならば、〈場所のちがい〉を観点にとるかぎり、〈同じ〉ということは何も二枚の新品の百円銀貨にかぎらない。百円銀貨と十円銅貨とのあいだにも、あるいは何であれ他のいかなるものとのあいだにも、〈同じ〉ということを語りうるのである。

結論を少し急ぎすぎたかもしれない。常識は〈場所のちがい〉の指摘を単なる頓智とみなそうとしたではないか。素朴な常識はまず〈内的規定のちがい〉に注目するはずである。しかし、各硬貨の内的規定を知りつくしてそれらが〈同じ〉だとわかったとき、もし〈場所のちがい〉を考慮に入れないなら、もはやそれらはただ一枚の硬貨としかいえないことになろう。そのように、〈場所のちがい〉を考慮に入れない場合の〈同じ〉ということは、各々の硬貨が〈自己自身と同じ〉だということ、各々の硬貨自身が〈同一〉であるということを意味している。つまり、各々の硬貨は実は相互に関係しあうことを否定されているわけである。したがって、二枚の硬貨が〈同じ〉であることを主張する場合に〈同一性〉が概念されるならば、当の硬貨の単なる〈区別〉が語られるのであって、この場合にもまた、われわれは何も二枚の新品の百円銀貨にかぎらず、何であれいかなるもののあいだにも、〈同じ〉ということを語りうることになる。しかし、その場合には〈同じ〉と〈ちがう〉とが相即していて、ちがいが大きければ大きいほど同じであることの洞察は容易になる。たとえば、〈天と地は同じである〉という場合には、天と地とのちがいが明白であるのと同じように、〈天は天である〉、〈地は地である〉という天および地の自己同一性は明白である。そうだとすれば逆に、たとえば先述の二枚の百円銀貨の場合のように、ちがいの洞察が困難な場合には、同一性の洞察も困難でなければなるまい[2]（〈目利《めきき》〉といわれるのが〈同じ〉のうちに〈ちがい〉を見分けるとともにその逆をも見分ける能力にかかわるのは、この事態に対応している）。それゆえ、〈同じ〉のもとに〈同一性〉を概念する見解はかならずしも常識に合致していない。同一律は〈或る程度まで〉しか経験に妥当しないのである。

かくして、われわれは〈場所のちがい〉を支持する見地にもどってくる。〈同一性〉をまず斥けるこの見地では、〈同じ〉のもとに〈相等性〉が概念される。またそれゆえ、同一性に相即した、相互に無関係な区別に対して、相等性のもとには相互に関係を有する区別が立てられることになる。そこで、われわれは前の意味での区別を〈差別〉と呼び、後の意味での区別を単に〈区別〉と呼ぶことにしよう。

第二節　反対と矛盾

ところで、〈場所のちがい〉を支持する見地においては、もうひとつの反論を予想しなければならない。同一律が常識に〈或る程度まで〉は合致するのであるから、当の見地は常識の一面にしか合致しないのではないか。たとえば、〈天と地は同じである〉という命題は〈場所のちがい〉を無視して同一律に依拠する方がより整合的に理解されうるのではないか。むしろ、外的規定こそさまざまに異なる度合を容れうるのではないか[3]。

一般に、〈差別〉のもとでの〈ちがい〉は〈矛盾〉と呼ばれるのに対して、〈区別〉のもとでの〈ちがい〉は〈反対〉と呼ばれる。それでは、たとえば〈天と地は同じである〉という命題のもとでは〈矛盾〉が主張されているのか、それとも〈反対〉が語られているのか。〈矛盾〉が主張されていると仮定すれば、天と地とは相互に無関係とされるがゆえに、〈天〉と〈非地〉、〈地と非天〉とが直ちに同一であることになる。しかし、これは経験に反しているように思える。たとえば、〈非地〉は〈地以外のすべて〉を含むがゆえに、たしかに〈天〉をも含むが、〈天〉のみを含むわけではないだろうからである。

〈矛盾〉とは、右の例からも明らかなように、或る事象の全面的肯定と他の事象の全面的否定とが相即している事態である。世界を真二つに分けて、[4]一方を肯定すればかならず他方が否定され、かつその逆でもある、というわけである。それゆえ、この事態はいわゆる〈全体皆無律〉を肯定と否定との双方において同時に主張するもの（全体について肯定されるならば部分についても肯定されるとともに、全体について否定されるならば部分についても否定される、という考え方）である。古典的形式論理学の表現にしたがうなら、〈AならばIであり、かつEならばOである〉（A＝全称肯定判断、I＝特称肯定判断、E＝全称否定判断、O＝特称否定判断）となる。

ところで、〈AならばIである〉ことは自明であるかにみえるが、〈EならばOである〉ことはかならずしも自明であるとは思えない。たとえば、〈全ての学生は労働者でない〉というEは部分否定的に解されて、〈全ての学生が労働者であるわけではない〉という主張にもなりうるように思えるからである。そのように解されるならば、〈或る学生は労働者である〉（I）ことも可能であって、〈EならばOである〉ことは必然的に真とはいわれえなくなるのである。（つまり、Oを以てEを代表させることができず、かくて〈労働者でない〉ことが〈学生である〉ことの本質的規定として語られえないわけであるから、Oは偶然的に真であるとしかいわれえないことになる。）そこで、そのように〈EならばIである〉ことの可能性を語ることは、〈部分においては全体において考えられている以上のものがある〉ことを主張するものであるから、同じように〈AならばOである〉ことの可能性をも語りうるはずである。[5]しかしながら、この〈AならばOである〉ことの不条理性は自明であるかにみえる。そこで、常識的には〈AならばIである〉かにみなす（実際には、〈AならばOである〉ことが可能である）ことが必要になり、ここに〈同一性〉に代わって〈相等性〉の概念が生まれるのである。そうだとすれば、この〈相等性〉の概念は〈EならばIである〉ことの可能性（すなわち、Eの部分否定性、Eの含意する肯定性）をできるだけ小さくするようにして（しかし、当の可能性に依拠して）獲得されるということになろう。〈場所のちがい〉の見地はこのように〈EならばIである〉ことの可能性を〈極小ならしめる〉ことにおいて（かくて、〈AならばIである〉かにみなすようにして）成り立っているのであって、これは〈外的規定がさまざまに異なる度合を容れうることを拒否しようとする〉ことと相即している。かくして、〈場所のちがい〉に依拠して同一律は斥けられ、〈相等性〉のもとに〈内的規定（事物（res）の事物性ないし実在性（realitas）、有（ens）ないし存在者の有性（entitas））こそはさまざまに異なる度合を容れうる〉ということが主張される。内的規定に対して外的規定はより根源的といえるのである。

II　外部と内部

第一節　外感と内感

このように外的規定が内的規定よりも根源的であるという関係のもとでは、〈相等性〉あるいは〈区別〉が主題化されねばならない。〈相等性〉の一般的形式である〈a＝a〉において、ひとつのaがもうひとつのaに相等しいことを主張するためには、まず第一に、それら二つのaを分離する（言うなら〈区別〉する）視点をとる必要がある。それは二つのa以外のものを全面的に否定することであって、その〈否定〉が二つのaによって〈場所のちがい〉として表現されるのである。ついで第二に、〈相等性〉とは時間を瞬間に分割することを含意する概念である。〈a＝a〉において、aを措定するときには当のaを否定するようにして別のaを措定することを意味するのであって、かくて、aはaでないこともありうるものとしてaであること、a〈であるこ〉ことの表現はa〈でない〉ことの表現が同時には不可能であるがゆえに可能であること、言い換えるなら、aは〈aでありつつ〉あること、に他ならないのである。かくして〈a＝a〉においては常に、それら二つのaを隔てる時の流れを前提するのである。そして、この〈時の流れ〉（つまり、aは〈aでありつつ〉あること）は意識事象の刻々における変化という心理的事実（言うなら、あの〈内的規定〉、すなわち〈事物の事物性ないし実在性〉、あるいは〈有ないし存在者の有性〉〉に依拠しているのである。

ところで、われわれは或る対象を知覚するとき、同時にわれわれが当の対象によって知覚されると考えてみることができる。いわゆる主観と客観との区別ないし対立という事態である。その際、〈主観から客観へ〉と〈客観から主観へ〉という方向の異なる二つの作用において、前者を〈客観を担うもの（客体）〉によって、また後者を〈主観を担うもの（主体）〉によって代表させ（表象し）ようとするとき、〈外感〉と〈内感〉とが語られる。たとえば、〈私が机を知覚する〉ときの（より正確にいえば、私と机との関係において働く作用に認められる）〈外感〉とは、〈私〉（内側）から〈机〉（外側）へ向かう作用がその〈机〉によって表象されることであり、かくてその際、〈私〉の内なる多様な意識事象は〈一つの同じ意識事象〉へと、かくて〈一つの事物〉へと収斂するかにみえるであろう。他方、〈内感〉とは当の〈机〉が〈机〉（外側）から〈私〉（内側）へ向かう作用によって表象されることであって、その際には〈私〉の内なる意識事象の多様性が語られるかにみえるであろう。[6] しかし、そのような表象化が可能であるのは〈内→外〉および〈外→内〉という作用そのものを〈外から眺める第三者〉が存在するからである。この〈第三者〉は古来〈白紙の心〉というイメージで表わされてきたことからもわかるように、〈内→外〉という作用における〈内なる視点〉のことである。しかし、われわれは右の例において、〈内感〉のもとには〈机から私に向かう作用〉による〈机〉の表象化が語られて、〈机から私に向かう作用〉の〈私〉による表象化が語られなかったことに注意しなければならない。いわば〈内側から外側を〉完全に知覚することは可能である（つまり、多様な意識事象が唯一の意識事象に、かくて一つの事物に、収斂する）ようにみえても、〈外側から内側を〉完全に知覚することは不可能である（つまり、多様な意識事象は収斂せず不定に留まる）かに思えるわけである。それほどまでに、〈外→内〉なる作用にかかわる〈私の受動性〉は[7]完全なのである。そうだとすれば、〈白紙の心〉とはたしかに、〈外側からは見透すことのできない内側〉の別名であるにはちがいないが、しかし、作用自体に即して[8]みるならば、それはむしろ〈外→内〉という作用における〈外なる視点〉（言うなら、多様な意識事象を〈通覧する〉一つの共通の視点[9]）といわれるべきである。われわれが先に〈外から眺める第三者〉と述べたのもそのためである。

かくして、〈内側から外側を〉完全に知覚することも不可能だということになる。私の対象は〈内→外〉なる作用を表象する対象（この事態によって〈私の受動〉性が語られる）と、そのような事態を〈外から眺める視点〉としての作用そのもの（〈私の受動〉を〈ひとつの能動〉として捉え直すこと）とに区別されるのである。それゆえ、この〈外なる視点〉のもとでは、先の〈主観〉と〈客観〉との、あるいは〈内側〉と〈外側〉との、対立ないし区別は消え失せて、それらはすべて〈内的規定〉を構成するものとなろう。かくて、われわれの意味での〈外感〉とはこの〈外なる視点〉の表象作用のことであって、却って〈外→内〉なる作用となる[10]。かくてまた、われわれの意味での〈内感〉とは先に対立させた〈内感〉と〈外感〉の全体をいうのであって、それが〈内［なる外］→内〉なる作用と〈内——→［内なる］外〉なる作用とに区別されるわけである。

その際注意すべきは、〈内から知覚される外〉と〈視点としての外そのもの〉との区別を、直ちにいわゆる〈現象〉と〈物自体〉との区別に帰着させてはならぬということである。〈外なる視点〉を語ることは、あくまでも〈作用〉の面に依拠している。〈視点としての外そのもの〉のもとには〈物自体〉が概念されるのではなくて、〈形式〉が概念されるべきである。

第二節　形式と内容

〈形式〉とはたしかに〈動きの停止〉のもとに捉えられる概念ではあるが、しかし、それは〈動きから差別される静止〉を意味するのではなく、いわば〈一瞬停止したかにみえる動き〉[11]を意味する。たとえば、全速力でまわるコマは一瞬停止しているかにみえる。あるいは、体操競技においては〈フォームの完成〉ということが語られる。このように、〈形式〉は本来〈動きの完成〉として概念されるのである。動きが一瞬停止したかにみえるほどまでに完成したとき、〈形式〉が語られるのである。（このような〈形式〉の実現をめざすのが、とりわけ彫刻のモチーフである。）このような積極的意味での〈形式〉はむしろ〈形相〉と呼ばれ、もっぱらギリシャ哲学における〈eidos〉の訳語にあてられている。しかし、〈一瞬停止したかにみえる動き〉は〈動き〉ではあっても、或る意味で静止を引き入れていることは事実であって、〈動きそのもの〉とはあくまでも区別されねばならない。この〈動きのうちに或る意味で引き入れられる静止〉を、〈動きから差別される静止〉として、もっぱら消極的意味に解するのが通常の意味での〈形式〉である。それゆえ、われわれが以下に主張しようとするのは、すでに明らかなように、消極的意味での〈形式〉を無視することのない積極的意味での〈形式〉である。

そうだとすれば、われわれの意味での〈形式〉に対しては、ギリシャ哲学的概念の〈形相〉も通常の意味での〈形式〉も、ともに〈内容〉を構成することになろう。その構成はどのような様相を呈するか。

まず、〈形式〉を〈形相〉としてもっぱら積極的意味に解するということは、諸々の動きを或る特権的な動きによって代表させる（表象する）ということに他ならない。それはあたかも諸々の動きが唯ひとつの動きから発出

〈展開〉してくるかのように、動きの前者を後者に収斂させることにおいて成りたつ。したがって、これは先述の〈内側における外感〉（すなわち、〈内→［内なる］外〉なる作用が〈外なる対象そのもの〉によって代表される事態〉に対応するのであって、この〈外なる対象そのもの〉の肯定がわれわれに〈内容〉を語る根拠を与えるのである。〈形相〉とはかくして、通常の意味での〈形式〉に対する通常の意味での〈内容〉の別名である。

そうだとすれば、もっぱら消極的意味に解される〈形式〉とは、動きそのものから右に述べた〈特権性〉を奪うようにして、諸々の動きをできるかぎり多くの要素に分解しようとするところに成りたつ、ということになる。またそうだとすれば、これは先述の〈内側における内感〉（すなわち、〈内［なる外］→内〉なる作用によって〈外なる対象そのもの〉が代表される事態〉に対応するのであって、そのようにして〈特権性（言うなら固有性）〉を奪われた多くの要素は無規定的、没個性的であることにより、〈形相〉に対して〈質料（hyle）〉と呼ばれるであろう。しかし、それだけに止まらない。右のような動きの分解のもとには、当の分解を究極にまで押しすすめることによってひとつの動きの全体を実現する（言うなら、静止を通して運動を理解する）という意図が含まれているからである。つまり、当の分解は〈規定〉を意図しているのであって、この〈意図〉のもとにわれわれは〈形式〉を概念するのである。しかし、〈意図〉は未だ実現されていないものであって、そこに概念される〈形式〉はもっぱら消極的意味でのものでしかありえない。ここに通常の意味での〈形式〉が生まれることは明らかであろうが、それは実は〈質料〉の派生概念に他ならないのである。

第三節　肯定と否定

ところで、これら通常の意味での〈内容〉と〈形式〉とはもっぱら積極的あるいは消極的意味に解されたものであることからも明らかなように、われわれの意味での〈形式〉に全面的に背を向けることによって得られたものである。それゆえ、通常の意味での〈内容〉や〈形式〉は、先に少し触れた全称否定判断との関連において論じ直してみることができよう。

いったい〈否定〉とは二重の肯定判断から成る連立体系と考えられる。たとえば、〈学生は労働者でない〉という否定判断は、〈学生は労働者である〉という肯定判断を予想しながら、これを〈学生は非・労働者である〉という別の肯定判断に置き換える働きである。それというのも、われわれが〈学生〉について知覚するのは、〈学校に通っている〉とか、〈親から生活費を得ている〉とか等々であって、〈労働者の不在〉そのものではないからである。つまり、〈否定〉においては、われわれは〈学生についての判断〉を判断しているのであって、〈学生そのもの〉を判断しているのではない。否定判断とはこのように、或る可能的事象が現実的であるといわば誤信された場合を想定して、当の可能的事象とそれに対立する別の現実的事象とのあいだに〈対比〉を設けるようにしながら、事象の後者を以て前者に置き換える働きなのである。ところで、当の〈置換〉においては一般に、われわれの注意は第一の可能的事象の方に向けられている。その結果、第二の現実的事象の判断内容は〈未知〉ないし〈不定〉のままに留めおかれてしまう。そのため、あの〈対比〉の表現は不完全な形をとらざるをえなくなり、当の〈置換〉自体が明示されえなくなる。つまり、第二の事象による暗々裡の、不可分離的な、瞬間的な置換が、第一の事象の無なることの表明を介して、間接的に顕在化されるのである。かくして、二重の肯定が却って否定として表わされるのは、われわれの注意が向けられる第一の肯定判断のうちに暗々裡に、不可分離的に、ないしは瞬間的に含みこまれる、第二の肯定判断の内容にそなわる〈未知性〉ないし〈不定性〉のゆえなのである。

そうだとすると、〈肯定〉の働きにおいては、われわれの注意は内容の未知ないし不定なる第二の肯定判断の顕在化に向けられていることになる。その際、当の判断内容にそなわる不定性はむしろ矛盾性とみえるまでに極まるであろう。いかなる肯定も常に更なる肯定を許すということは、いかなる最大数も常に自らを一つだけ越える数を有することによって矛盾概念であるように、矛盾性の表現に他ならないからである。そこで、この第二の肯定判断への注視が右のような矛盾性ゆえに却って第一の肯定判断への注視に転換されるかのようにして、当の第一の肯定判断にそなわる部分否定性を全体否定性にすりかえるとき、全体否定的意味での全称否定判断が結果するのである。

たとえば、〈学生は労働者でない〉という否定判断は、それの内含する第二の肯定判断における〈非・労働者〉の不定性のゆえに、〈非・労働者〉の積極的に何者であるかが判明でないかぎり、それについての将来の検討を要請するかのように、少なくとも当面は〈労働者であるわけではない〉といわば部分否定的に述べられるべきである。しかし、〈非・労働者〉の不定性のうちに矛盾性をみて、〈労働者でないこと〉をあたかも〈学生〉に関する本質的規定であるかに解するとき、当の否定は〈全ての学生〉について妥当するものとなるであろう。

かくして、通常の意味での〈内容〉や〈形式〉[12]は矛盾律に依拠する概念[13]であるということ、そしてそれらの概念は〈否定〉をもっぱら〈全体否定〉と解すべく（すなわち、Oのもとにすら E を理解し、Oを以て E を代表させることが可能となるべく）、全称否定判断からその部分否定性を排除することによって得られるということ、が明らかになる。

しかし、そうだとすれば、われわれの意味での〈形式〉はもっぱら第二の肯定判断の顕在化への努力としてのみ語られるであろうか。そのような努力が直ちに全称否定判断の含意する肯定的要素を支持することにつながるであろうか。そうではない。なぜなら、当の顕在化は第一の肯定判断にそなわる部分否定性をいわばそっくりそのまま分離して排除するようにしても果たされうるからである。すなわち、第二の肯定判断の顕在化は当の判断にそなわる不定性のうちに矛盾性をみないことによって、言うなら、当の判断を或る特権的な項によって表現することを拒否することによって、当の不定性をできるかぎり厳密に規定しようとするであろう。しかし、そのように規定された各項は相互に区別されるかぎりで、なお特権性（つまり固有性）を帯びている。そこで、そのような特権性をも排除するために、当の規定は、規定されて区別される各項の背後に同一性を洞察することによって、同一なる項の反復を通して果たされることになる。かくして、不定性が或る特定の項として規定される度毎に、その都度第一の肯定判断の無なることが語られる（つまり否定判断が形成される）わけであって、あたかも当の否定（無化）は部分的否定をしか語らぬかにみえるであろう。しかし、不定性が規定されて諸々の特定の項として顕在化されるとき、当の項が相互に区別されるかぎりなお特権性（固有性）を有しているということは、実は、不定性のうちに矛盾性をみないように排除される特権性が当の不定性を構成すべき全ての項に一挙にいわば再配分されるということを意味しているのである[14]。それゆえ、〈不定性のうちに矛盾性をみない〉ということ自体がすでに全体的否定によって支えられているわけである[15]。つまり、〈不定性のうちに矛盾性をみる〉ことにおいては、全体否定性が直接的に表現された（第一の肯定判断の否定として）が、〈否定性のうちに矛盾性をみない〉とにおいては当の全体否定性が同一性を通して表現されるのである。かくして、通常の意味での〈内容〉は全体否定性の直接的表現に、また通常の意味での〈形式〉は全体否定性の間接的表現に結びついていることが明らかであろう。

III　空間と時間

第一節　〈否定〉の表現としての〈対比の構成〉

それでは、われわれの意味での〈形式〉を語るとすれば、当の第二の肯定判断の顕在化はどのように行われるべきか。これまでの分析から、否定を構成する二重の肯定のあいだに設けられる〈対比〉とは〈外なる視点〉の表象作用としてのわれわれの意味での〈外感〉に対応し、したがって当の〈外なる視点〉こそはわれわれの意味での〈形式〉に対応するということが明らかであろう。それゆえ、これらの概念の対応関係を分析しなければならない。

〈SはPでない〉という否定判断について考えてみよう。この判断は〈SはPである〉と〈Sは非Pである〉という二つの肯定判断の連立体系とみることができるから、〈対比〉はPと非Pとにおいて示される。そして、非Pが規定されてa、b、c等々によって置き換えられて、〈SはPである〉ことの無なるべきことが表明されるとき、まず〈SはPでない〉と語られるわけである。ところで、非Pはその不定性ゆえに無際限の規定を容れうるはずである。それゆえ、Pと非Pとの〈対比〉は実際にはPとa、Pとb、Pとc等々の〈無際限の対比〉として現われ出ることになろう。そのとき、これら無際限の規定項の背後に〈或る同一性〉(たとえばR)を想定するならば、当の〈無際限の対比〉は〈PとRとの対比の反復〉として表現されることになろう。そして、そのような〈同一性〉の規定は明らかに、非Ｐが自らを構成すべき〈全ての項〉によって〈現実的に〉規定されると仮定することに由来する。しかし、この仮定は非Ｐの不定性のうちに矛盾性をみないかに思えるのであるが、〈現実的規定〉によって当の不定性を排除することにおいて、矛盾律をア・プリオリに使用するものであった[16]。当の不定性（の表現である無際限性）を真実支持するためには、せいぜい、非Ｐが自らを構成すべき〈全ての項〉によって〈可能的に〉規定される、としか語るべきではない[17]。そこで、この〈規定可能性〉の相のもとに〈全ての項〉をともに在らしめるような概念として非Ｐを捉え、これとＰとのあいだに〈対比〉を設けてあの〈無際限の対比〉を代表させる（表象する）とき、当の〈対比〉の〈視点〉としてわれわれの意味での〈形式〉を語ることができる。なぜなら、〈規定可能性〉のもとで、一方には無際限の規定項の系列として通時性が現われ、他方にはそれら〈全ての規定項〉の存在の共時性が現われるが、そのような共時性を通して通時性を把握する[18]ところにこそ〈対比の視点〉は成立するからである。先にわれわれの意味での〈形式〉のもとに〈或る意味で静止を引き入れた動き〉を語ったのはこの意味でに他ならない。

かくして、われわれが最初に掲げた〈場所のちがい〉なる概念が明確になってくる。〈場所のちがい〉を指摘することは〈視点をとる〉ことのもっとも直接的な表現であり、この〈視点をとる〉とはひとつの〈否定〉である[19]。そして、〈否定〉は厳密な意味に解されるならば、あらゆる事象を、非存在（無）なる事象をすら、存在形態にもたらす[20]いわば〈根源以上に根源的な〉働きであって、それはいかなる同一性や異他性の認められる事態のもとにも相等性をしか認めない[21]のである。〈相等性〉とは、非Ｐの不定性のもとに理解された〈規定可能性のもとに共在する全ての項〉をその〈全て〉よりも〈可能〉の方に注目するようにして、〈或る特権的な項〉（たとえばＴ）によって代表させるときに成り立つ。その際、非ＰにＴが代入されてＰとＴとの〈対比〉が立てられるのであるが、当の

〈対比〉はTによるPの置換によって、一方では〈SはPである〉ことを分離するようにして無化し（このとき〈SはPでない〉となる）、他方で〈SはTである〉ことを顕在化するようにして、果されるであろう。この肯定的表現をいわば支える〈否定〉（〈SはPでない〉）が部分的否定であることを忘れてはならない。Tなる特権的規定項は〈可能的〉なものであるにすぎないから、〈Pでない〉ことはSの本質的規定たりえないのである。（言うまでもなく、〈Tである〉もSの本質的規定たりえない。）たしかに、〈分離されるようにして無化される〉かぎりで〈全てのSはPでない〉かのように語られるのではあるが、それは〈SはPである〉ことを全面的に排除するわけではないのである。[22] かくして、〈相等性〉は、すでに述べたように〈EならばIである〉ことの可能性を極小化することによって得られるのであるにもせよ、当の可能性によって支えられている。そして、この可能性が排除されぬがゆえに、たとえ〈SはPである〉ことが無化されて〈SはTである〉ことが顕在化されるにしても、両者のあいだの〈対比〉は保持されうるのである。

他方、〈EならばIである〉ことの可能性を極小化しようとすることは、〈AならばOである〉ことの可能性を極小化しようとすることと相即している。〈Pでない〉ことがSの本質的規定に近づくことによって、相対的に、〈Tである〉ことがSの本質的規定に近づくからである。しかし、可能性の前者が保持されるかぎり後者も保持されるであろう。かくして、〈全体皆無律〉は否定についても肯定についても権利上斥けられるのであるが、それはまず否定的表現（E）の方から斥けられるかにみえるために、却って肯定的表現（A）の方は斥けられぬかにみえるのである。[23] これが常識の見地であった。

第二節　共時性と通時性

ところで、この常識の見地は次のような重要な示唆を含んでいる。すなわち、〈否定〉からその部分否定性が排除されることによって相等性が増大してゆくが、しかし、その相等性は極限においてそのまま（連続的に）同一性に移行するのではないということである。別の言い方をすれば、部分否定性の排除が完全に果されるときには相等性も完全に排除されてしまうということである。これらの排除のうち前者は〈場所のちがい〉の排除であった。そのとき相等性は矛盾性に転化するようにして排除されるであろう。なぜなら、相等性の排除は事実上困難だからである。別の言い方をすれば、相等性において〈区別〉される諸事物がそれらの占める〈場所のちがい〉を捨象されたならば、唯ひとつの事物になることができないかぎり、〈差別〉されて当の諸事物の各々が自己同一なるものへと移行する他はないからである。そのようにして、相等性がむしろ矛盾性とみえるとき、われわれはまず当の矛盾性を一挙に（つまりア・プリオリに）排除しようとするであろう。この矛盾性の排除がまず全体否定（すなわち、〈ＥならばＩである〉ことの一切の可能性を排除すること、言うなら、〈場所のちがい〉の排除）を介して表現されるのである。これが〈全体皆無律〉の否定的表現であった。

ところで、相等性を極限まで押しすすめることの矛盾（言うなら、〈区別〉される諸事物を唯一の事物に解消しえないことに由来する矛盾）とは、別の言い方をすれば、事物における〈規定可能性のもとに共在する全ての項〉における〈可能〉よりも〈全て〉に注目するようにして、当の規定項の〈全て〉を枚挙する無際限の手続きのうちに見出される矛盾のことであった。しかし、そのような矛盾の排除は逆に全体肯定（つまり〈ＡならばＩである〉

こと〉を介しても表現されうる。なぜなら、規定項の全てを枚挙しつくすことの〈不可能なること〉は、別の面からみるならば、却って唯一同一なる規定項からのすべての規定項の〈自己展開〉として語り直されうるからである。それはあたかも絶対化された作用原因と目的原因との関係に似ている。すなわち、作用原因はいわば〈始めが終りを規定する〉ように働くのに対して、目的原因はいわば〈終りが始めを規定する〉ように働くのであるが、これらの両原因の関係を考えてみるとき、目的原因とは、作用原因における先行者から後続者へと向かう作用を、それとは逆の方向から、言うなら当の作用の先端で後向きになって、眺める事態なのである。そして、作用原因が絶対化されて、当の原因の系列の遡行が完結しえなくなると、そこに矛盾を見出しかつ当の矛盾を排除するかのように、絶対化された目的原因が立てられて（このとき、目的原因はむしろ形相原因と表現される）、当の原因からの自己展開として一切の結果が語り直されることになる。このように、むしろ否定的に（つまり、作用原因の系列の遡行を完結しえぬことの表現として）立てられた形相原因が、目的性という側面から、積極的なものとして捉えられることになるとき、先行者から後続者へと向かうかにみえた作用は、却って、後続者からのいわば自己展開であるかのようにみえるであろう。かくして、相等性を矛盾性に転化することなく排除するためには、当の相等性を、それを同一性に転化するかのように、〈全ての〉規定項に分配すればよい。そうなれば、それら全ての規定項は〈差別〉されて相互に無関係となり、各々が〈自らと同じ〉であるにすぎないものとなる。そして、この各々の〈自己同一性〉に着目して、同一性の見地より〈反復〉だけの手続きによって全ての規定項を枚挙するならば、非Pの不定性は汲みつくされるかのように〈SはPである〉はそっくりそのまま分離されて無化されるであろう。かくして、何であれ規定項は全て〈自己同一であるかぎりにおいて同じ〉ものとして表現されるのであって、ここに〈全体皆無律〉の肯定的表現は得られるのであった。

そうだとすれば、全体否定のもとに通常の意味での通時性が表現され、全体肯定のもとに通常の意味での共時性が表現されることになる。その場合、通常の意味での通時性とは〈もっぱら積極的意味に解された形式（形相）、通常の意味での内容〉として〈内側における外感〉であり、通常の意味での共時性とは〈もっぱら消極的意味に解された形式、通常の意味での形式〉として〈内側における内感〉である。われわれは一般に〈通時性の形式〉（つまり通時性の完成態）を〈時間〉と呼び、〈共時性の形式〉を〈空間〉と呼ぶ。それゆえ、〈全体皆無律〉によって支えられる〈時間〉と〈空間〉こそは通常の意味での〈時間〉と〈空間〉であることが明らかであろう。

しかし、われわれは通常〈時間〉を内感の形式として、また〈空間〉を外感の形式として概念するのではないか。その通りである。ただ、その場合の〈内感〉と〈外感〉は再構成されたものであることに注意しなければならない。〈否定〉の構造の分析から明らかなように、〈全体皆無律〉に依拠するならば、通常の意味での〈外感〉は対象に向かうわれわれの内なる多様な意識事象（〈内──→外〉なる作用）が当の対象によって表象される操作を、当の対象から当の意識事象の全てが自ら展開してくる（〈外──→内〉なる作用）かのように再構成する観念であり、また同じく通常の意味での〈内感〉は対象を表象する多様な意識事象（〈外──→内〉なる作用）を個別的な要素に（〈全ての意識事象が相等であるように〉再分解し、それらの個別的要素の自己同一性を介して当の対象を回復する、ないし再構成する（〈内──→外〉なる作用）という観念なのである。

かくして、通常の意味での〈外感〉と〈内感〉の構成において、〈空間〉に対する〈時間〉の根源性が認められるのであるが、そればかりでなく、当の構成は常に再構成であることによって、〈時間〉の根源性[24]はいっそう明確である。なぜなら、〈再構成〉は反復を含意する概念であり、その〈反復〉とはア・プリオリ性の立場をとる〈〈全体皆無律〉を支持する〉べく経験的に要請される手続きとして一回で完了することなく、まさしく繰返される手続きであるというところに、通時性が理解されるからである。〈質料〉が〈形式〉（通常の意味での）を志向するものであったように、〈空間〉のうちにすら〈時間〉が把握されるのである。かくして、われわれの意味での〈外感の形式〉である〈外なる視点〉にア・プリオリに背を向けて、当の〈形式〉のうちにもっぱら積極的意味での〈動きの完成態〉をみるときに、一切は〈時間〉によって説明されうることになろう。

第三節　〈外なる視点〉としての〈外感の形式〉

われわれの立場では、〈時間〉も〈空間〉もわれわれの意味での〈内感〉（通時性）の形式であって、そのかぎりでのみ、言うなら当の通時性がわれわれの意味での〈外感〉（共時性）を介して把握されるかぎりでのみ、両者（〈時間〉と〈空間〉）は区別されうるであろう。しかし、当の把握はまず〈外感の形式〉を成すのであって、この〈外感の形式〉こそは検討すべく残された主題である。

われわれはすでに〈相等性〉が時の流れを引き入れる概念であることを指摘した。そうだとすれば、〈外感の形式〉とはその〈時の流れ〉の完成態をいわば静止態として捉えるところにうまれることになろう。この事態は相互に区別される諸々の事物が、その一つの存在が同時に（いわば無時間的に）他の存在に移行するような仕方で、措定されることを意味する。すなわち、たとえば先述の〈主観──→客観〉と〈客観──→主観〉との二つの作用において認められる（私は机を知覚すると同時に私は机によって知覚される）場合のように、〈Pの措定〉（ひとつの同じ意識事象としての〈Pである〉）は、同時に〈非Pの措定〉（不定なる多様な意識事象としての〈非Pである〉）を伴うのであるが、しかも同時には〈非Pの措定〉は顕在化されない（〈非Pである〉は〈Pでない〉としてしか表現されない）がゆえに、当の〈Pの措定〉は可能だというわけである。そして、そのようないわば無時間的な運動のうちに語られる、〈Pである〉でも〈Pでない〉でもないような〈Pそれ自体、したがってまた非Pそれ自体〉(28)（すなわち、意識事象それ自体としての〈Pでありつつある〉こと）が〈相等性〉を表わすことになろう。言うならば、一見矛盾するかに思われる〈Pである〉と〈Pでない〉（〈非Pである〉による〈Pである〉の置換の表現）とは、〈Pである〉でも〈Pでない〉でもないような〈Pそれ自体、つまり非Pそれ自体〉が〈外なる視点〉を通して支持されることによって、矛盾律の支配を逃れるのである。そのような〈外なる視点〉を通して〈諸々の非Pでありつつある（aでありつつ、bでありつつ、cでありつつ、等々である）〉ような事象がみられるのであって、この〈対比の一般性〉こそは〈外感の形式〉の実相なのである。その場合、〈Pである〉から〈である〉が分離されるようにして〈Pそれ自体〉が措定される（すなわち、〈Pである〉がむしろ〈Pでありつつある〉として捉えられる）ときには、〈OからEへ移行〉（〈EならばOである〉こと）を拒否しつつ、しかも〈EならばIである〉ことの可能性を極小化するのであり、また同様に、〈Pでない〉から〈でない〉が分離されるようにして〈Pそれ自体〉が措定される（すなわち、〈Pでない〉が却って〈Pでありつつある〉として捉えられる）ときには、〈IからAへの移行〉（〈AならばIである〉こと）を拒否しつつ、しかも〈AならばOである〉ことの可能性を極小化するるのである。

かくして、〈外感の形式〉は一方では矛盾の許容（右に述べた〈移行の拒否〉）を志向しながら、他方で当の矛盾の排除（右に述べた〈可能性の極小化〉）を志向するわけである。その場合、矛盾を許容するということは、単に当の許容者の側における本質世界の偶然性を語るというだけでなく、そのような本質世界を超出する或る世界を措定するということでもある。〈SはPである〉と〈SはPでない〉とのあいだの矛盾が〈Pそれ自体つまり非Pそれ自体、としてのPでありつつあること〉を支持する〈外なる視点〉から許容されるときには、当の〈Pそれ自体つまり非Pそれ自体〉に対応するような〈Sなる世界〉の措定（有限者の知覚にいわば先行する無限者の知覚）が志向され、他方、そのように矛盾するとしかみえない（矛盾を介してしか表現されえない）世界の在ることが矛盾の排除の志向によって示されるわけである。そしてそのような世界こそは通時性（〈Pでありつつある〉こと）のもとに暫定的に（つまり共時性を通して）表わされるのである。かくして、あの〈場所のちがい〉は、〈相等性〉において区別される諸々の事物の一から他へのいわば無時間的な移行の運動（共時性を介して表現される通時性）の表現であるとともに、そのような〈場所〉を否定するかのように超出する世界（Pそれ自体つまり非Pそれ自体、に対応する世界）の暫定的表現でしかありえぬという意味で、〈自らと当の世界とのちがい〉をも示している。この後の方の〈ちがい〉を常識は〈遅れ〉と呼ぼうとするであろうが、それはまさしく〈場所のちがい〉に背を向けることに他ならない（〈遅れ〉とは運動の終点をア・プリオリに措定する観念である）。われわれは通時性そのものを生きるのではない、唯ただ共時性を介してのみ生きるのである。

注

（1）この〈さまざまに異なる度合を容れうる内的な規定〉とは、〈事物（res）〉の〈事物性〉言うなら〈実在性〉としての〈realitas〉、もしくは、〈有ないし存在者（ens）〉の〈有性〉としての〈entitas〉にかかわるものであって、これが後に述べるように〈相等性〉の概念を引き入れることになる。なお、〈実在性〉に関しては、本書九五—九七頁を参照。

（2）この場合には〈同一性〉に代って〈相等性〉が問題になっている。つまり、二枚の百円銀貨の〈相等性〉が〈図〉として前面に出てきて、〈場所のちがい〉が〈地〉として背景に沈むのである。

（3）この問いには、全称否定判断（E）の含意する肯定性、言うなら、全称否定判断の部分否定性を増大させるような可能性を語ることはできないものか、という仮想の問いである。実は、すぐ後で述べるように、〈場所のちがい〉の見地は〈EならばIである〉ことの可能性を〈極小ならしめる〉ことにおいて成りたっているのである。

（4）こうすることによって、二つ以外のもの、すなわち〈場所〉、が排除され、かくて視点がとれなくなる。

（5）〈AならばIである〉という場合は、Iを以てAを代表させることであって、そのとき、〈労働者である〉ことが〈学生である〉ことの本質的規定として語られることになる。〈AならばOである〉という場合には、Iにそなわる必然性の偶然性（或る見地からすれば必然的であるかにみえるけれども、しかし別の見地からすれば、実は偶然的であるという事態）を語るのである。実際、たとえば〈全ての〉学生という場合に、学生の〈全体を一つとみなして〉Aが主張されるならばOの可能性はなくなるのであるが、個々の学生を枚挙しながら全ての学生に到るようにしてAが主張されるならばOの可能性は語られうるのである。それゆえ、〈系列の枚挙〉を超えて常にすでに全体に到達しているかのようにして当の〈枚挙〉を支持すること（つまり、すぐ後で述べるように、〈AならばIである〉かにみなすこと）が重要なのである。このような事態は、一般的に語るなら、〈無限者の知覚は有限者の知覚よりもいわば先である〉ということ、〈無限者が先立つことによって、有限者の実在性を現実に支持する〉ということ（もし〈先立って〉いなければ、有限者の実在性の系列の遡行、言うなら枚挙、は途中で止まることもありうるからである）を意味する。

（6）このように、一方では、内なる多様な意識事象を否定するかのように〈一つの同じ意識事象〉への収斂が語られる（第一の肯定）とともに、他方では、私の内なる意識事象の多様性が肯定されて不定の形をとる（第二の肯定）。言い換えるなら、〈多様な意識事象〉を一方では否定するようにして、他方では〈不定なる多様な意識事象〉がそれに対比的に措定される。しかし、内感における〈多様な意識事象〉は不定なるがゆえに、あたかもそこに矛盾をみるかのように、もっぱら外感における〈一つの同じ意識事象に収斂した多様な意識事象〉を否定するようにして〈一つの事物〉が語られることになる。かくして、〈感覚〉とは何よりも〈外感〉である。

（7）その際には、多様な意識事象が一つの事物に収斂する（外感）かのように、一つの事物から多様な意識事象が展開してくる（内感）のであって、〈能動〉を担うべき事物の存在を予期すらせぬほどに純粋な〈受動性〉が理解される。

（8）〈私の受動性〉を活用するかのようにそれを対自化すること、〈受動（働きを受けること）〉という〈能動（働き）〉を主題化すること。けだし、〈受動態としての私〉は作用の対象であって作用自体ではない。

(9) このような〈視点〉が先述の〈AならばIであるかにみなすこと〉という事態と対応している。

(10) 〈外なる視点〉から〈内的規定〉としての〈多様な意識事象〉を通覧する作用。

(11) この〈或る意味で静止を引き入れた動き〉が〈外なる視点の表象作用〉に対応し、さらに言うなら、〈AならばIであるかにみなすこと〉という事態に他ならない。

(12) 〈内容〉についていえば、〈労働者でないこと〉をあたかも〈学生〉に関する〈本質的規定〉であるかに解することによって、多様な意識事象を唯一の特権的事象に収斂させ、以て〈eidos〉を形成するという事態であり、また〈形式〉についていえば、〈非・労働者〉の不定性のもとに、多様な意識事象をできるかぎり厳密に記述しようとするという事態である。

(13) 矛盾律の行使は、〈内容〉に関していえば、〈矛盾を否定することによって矛盾を逃れる〉ことを意味し、また〈形式〉に関していえば、〈矛盾を見ないようにして矛盾を逃れる〉ことを意味する。

(14) このとき、不定性を構成すべき全ての項は〈以下同様にして〉という表現を以て枚挙されうることになる。

(15) この同一性を背後で支える否定性は、同一律が或るものの自己同一性を肯定することによって当の或るもの以外の全てを否定するということ、かくて〈場所のちがい〉の見地を拒斥するということ、を意味している。

(16) 非Pを構成すべき〈全ての項〉が〈同一なるものの反復〉として、〈以下同様にして〉なる相のもとに展開してくるという事態は、当の〈全ての項〉を規定しつくすことの不可能性をいわば後向きになって表現するものである。そのように、〈無際限の規定〉における〈さらなる規定〉を矛盾として排除することにおいて、矛盾律を行使しているのである。

(17) このようにして真実支持される無際限性は無限性に触れるのである。

(18) これは、系列を遡行する無際限の枚挙の働きが当の系列を超えていわば系列の全体に触れている、という事態であって、先述の〈AならばIであるかにみなす〉ことに対応する。これはまたデカルトに従って言うなら、〈無限者の知覚は有限者の知覚にいわば先立つ〉という事態であって、そのようにして有限な（すなわち無際限の）系列を成す各項の実在性（言うなら固有性）が真実支持されるのである。

(19) 〈視点〉とは諸事物のいわば〈背景〉、言うなら〈図〉に対する〈地〉であって、それは諸事物以外のものとしての当の諸事物の〈否定〉である。この〈否定〉が〈図〉としての諸事物によって〈場所のちがい〉として表現されるのである。

(20) 非存在（無）とみえる事象も存在（有）との関係で語られているのであって、これらに対して〈視点〉（〈背景〉、〈地〉）

をとるならば、有も無も〈図〉である。

(21) これは、〈視点〉(〈背景〉、〈地〉)としての〈否定〉のもとではいかなる各事物も相互に関係を有せざるをえなくなる、ということを意味した。そのようにして、すでに述べたように、いかなる各事物も〈自らでないこともありうるものとして自らである〉(自ら〈でない〉ことの表現が同時には不可能であるがゆえに可能であるということ、かくて、自らは〈自らでありつつある〉ということ)のであって、当の事物の存在は本質的な偶然性を帯びる(〈EならばIである〉ことの可能性を極小化するようにして、しかし当の可能性に依拠して、〈AならばIであるかにみなす〉こととともに、当の事物の実在性が真実支持される(言うなら、当の事物の固有性が活かされる)のである。

(22) つまり、〈Pでない〉は〈Pである〉こともありうるものとして〈Pでない〉のである。〈Pでない〉ことの表現は、〈Pである〉ことの表現が同時には不可能であるがゆえに、可能なのである。

(23) 先述のように、通常の意味での〈内容〉は全体否定性の直接的表現に、また通常の意味での〈形式〉は全体否定性の間接的表現に結びついていた。

(24) この〈根源性〉は、すでに述べたように通常の意味での〈形式〉が全体否定性の間接的表現に結びついているのに対して、通常の意味での〈内容〉が全体否定性の直接的表現に結びついている、という事態に対応している。

(25) これは、すでに注記したように、デカルトの言う〈無限者の知覚は有限者の知覚にいわば先立つ〉という事態である。

(26) これはすなわち、すでに述べた如く、諸事物の各々が、〈自らでない〉こともありうるものとして〈自らである〉こととして(つまり、自ら〈である〉ことの表現は自ら〈でない〉ことの表現が同時には不可能であるがゆえに可能であるような仕方で)、かくて〈自らでありつつある〉こととして措定される、という意味である。

(27) 注(6)を参照。

(28) 〈P〉は同時に〈非P〉として表現されえないがゆえに表現可能となるのであり、〈非P〉も同時に〈P〉として表現されないがゆえに表現可能となるのだからである。

第二部　『省察』の分析試論

I　第一省察「疑いを容れうるものについて」

第一節　方法的懐疑

デカルトが自らの形而上学を構築するに当ってまず採った態度は、世界の全ての事象を〈在るがままに〉見ようとすること、世界に対する人間的な価値づけをいったん捨てて〈客観的に〉眺めようとすることである。そして、そのように事象を〈在るがままに〉見ようとする場合には、何よりもまず、事象を見る主観の在り様が問題になる。この問題をもっとも徹底したかたちで展開したのが、「第一省察」全体を構成するいわゆる〈方法的懐疑〉である。「幼少の頃、私はいかに多くの偽なるものを真なるものとして受け入れてきたことか、またそれを基としてその後私がその上に建てたあらゆるものがいかに疑わしいものであるか、したがって、いつか私が学問において堅固で揺ぎないものを確立しようと欲するのであるなら、一生に一度は、全てを根底から覆えし、そして最初の土台から新たに始めなくてはならない」(17［03－08］)、とデカルトは述べる。先入見から解放されて真理を探求するためには、「一生に一度は全てのことについて疑う」べく決意しなければならないのである。(1)

ところで、全てのことについて疑わねばならないにしても、それがために、われわれの有する意見の全てが偽なることを示す必要はない(18［04－05］)。懐疑は或る一定の方針に従って〈方法的に〉遂行されるべきである。実際、われわれの理性は、「まったく確実で疑う余地がないというわけではないものに対しては、明らかに偽であるものに対するのに劣らず用心して、同意を差しひかえるべきである」、と確信させているのであるから、「それらの意見のどれか一つのうちに何か疑いの理由が見出されるならば、それだけで、その全てを拒斥するに十分であろう」(18［06－10］)。またそのためには、それらの意見の一つ一つを調べてまわるには及ばないであろう。そのような作業は果てしのない仕事である。「土台を掘りかえせばその上に建てられたものはいずれも自ずと一緒に崩れるのであるから、私は、私がかつて信じたところの一切が拠っていた原理そのものに直ちに肉薄することにしよう」(18［11－14］)。かくして、デカルトの懐疑は一定の方針のもとに〈方法的に〉遂行されることになるのである。

さて、その〈方法的懐疑〉は具体的にはどのように押しすすめられるのであろうか。

第二節　外部感覚的認識の吟味

デカルトの懐疑はまず、たとえば視覚によって色や形を知る場合のような、直接に「感覚(sensus)から受けとった」事柄か、あるいはたとえば親や教師から聞いて知る場合のような、間接に「感覚を介して受けとった」事柄に向けられる(18［15－16］)。われわれは事物を知るのに感覚を信頼するというのが一般的である。われわれは事物が〈見える〉通りに〈在る〉と信じて疑わない。ところが、その感覚が時として欺くものであることをわれわれは経験している。たとえば、遠くからは円く見える塔が近づいてみると四角であったり、あるいは、真直ぐな棒を水中に入れると折れて見えたり、あるいはまた、視覚に直接与えられる太陽の大きさと天文学的に知られる太陽の大きさとはまったく異なっていたりする。このように錯覚といわれるものは少なからずあって、感覚はいつでも確かだとはいえない。そうだとすると、「一度たりともわれわれを瞞したことのあるものをけっして全面的には信頼しないようにするのが賢明というものである」(18〔17－18〕)、ということになる。デカルトは、〈感覚が時として欺く〉という経験的事実に依拠して、〈外部感覚的経験にかかわる事柄一般に対して全面的に信頼を寄せない〉という態度を引出すのであって、ここに懐疑の〈方法的性格〉がいきなり語られているということは重要である。なぜなら、徐々に明らかにされることであるが、デカルトは本質的に受動的である「知性（intellectus）」の働きの典型を「感覚」に認めているからである。(2) 知性的働きもその根本にあっては対象によって規定されているのであって、本質的に〈受動的〉なのである。それゆえ、感覚的認識に止まらず、一般に認識においては〈真〉と〈偽〉とは相対的であり、かくて認識は価値を発揮するのであり、〈偽〉を減らし〈真〉を増すことにおいて〈認識の進歩〉が語られる。しかし、〈方法的懐疑〉はそのような〈科学的・実証的精神〉を斥けるのである。先に述べた、〈遠くからは円く見える塔が近づいてみると四角であった〉という場合、〈円い〉という印象のみならず〈四角い〉という印象も同じように疑わねばならないのである。このような懐疑の特質は、事物の表象と事物の存在の表象との同一視を拒斥するという、〈存在論的〉性格にある。何よりも第一に、事物は〈見える〉通りに〈在る〉とする見解を斥けることである。それゆえ、右に挙げた例の場合の懐疑は、〈塔が在る〉ということを前提したうえで、〈塔は円く在るかもしれないし四角く在るかもしれない〉と主張しているのではない。もし単にそのように主張しているだけだとすれば、それは〈疑う〉という主観の側の無力を通して客観の側の〈存在〉の絶対性を浮かび上らせるという事態を語るものにすぎない。そのような〈存在的〉懐疑とはいわゆる〈懐疑論者の懐疑〉に他ならぬのである。(3) 実際、〈私は塔を見る〉という場合の私の感覚は〈私〉を措定するよりもむしろ〈塔〉を指示している。つまり、

〈私〉は〈塔〉にいわば吸収されるようにして対自化されない。私は否でも応でも塔を見させられているのである。その場合、〈円い〉とか〈四角い〉とかの知覚内容は私にとってはいわば付け足しにすぎぬかにみえる。そこで懐疑論者は、塔を感覚する際の〈私の受動性〉を絶対化して語ろうとするわけである。そうだとすれば、〈方法的懐疑〉とはそのような〈受動性〉を相対化する——知性の受動を一つの作用（能動、言うなら意志）として措定しようとする——ものに他ならない。かくして、〈方法的懐疑〉のもとでは、後に詳述するように、〈塔は円く（あるいは四角く）在ると私は思う〉という表現をとる。つまり、塔からその存在を分離して、それを主観として収斂させるのである。〈方法的懐疑〉は、一方では、われわれの精神をして「知性的な事物を考察し、これを物体的な事物から区別するように準備させる(4)」ことをめざすのであり、また他方では、「われわれは疑わしいものに同意を拒み、そのようにして誤りを避ける自由意志をもつ(5)」ということをわれわれに確認させるのである。

第三節　内部感覚的認識の吟味

さて、以上の如く、外部感覚は時としてわれわれを欺くことがあるがゆえに、それを全面的に否定する、とするデカルトの懐疑の態度は、いかに〈方法的〉という限定をつけてみても、余りにも常識から外れているのではないか。たしかにその通りかもしれない。実際、感覚は余りに微細なものや遠方のものに関しては時としてわれわれを欺くとはいえ、たとえば、「今私がここにいること、炉辺に坐っていること、冬着を身につけていること、この紙を手にしていること」といった、われわれが自らの身体の内側から感知している事態というのは「まったく疑いえない」ことではないのか（18［19－24］）。これを疑うのなら、「気のおかしくなった者（insanus）」に擬せられよう。そのような者は「精神錯乱者（amens）」なのであって、われわれも彼に倣おうとすれば「気ちがい（demens）」とみなされても仕方がないのではないか（18［26］－19［07］）。「いかにもその通りである。だが私とて人間なのであって、夜は眠り、そして睡眠中には、そうした狂人たちが目覚めているときに夢想するのと同じことの全てを、あるいはまた時折はそれよりもいっそう真実ならざることを夢想する」のではないか。夢のなかで生ずることは、覚醒状態の場合とはちがっていて、先に例示したような判明な事態（すなわち、私は確かに覚めた眼を以てこの紙片を見ている、私が動かすこの頭は眠ってはいない、私は故意にかつ意識してこの手を伸ばしかつ感覚している、等々）ではないかもしれない。しかしそれでも、自分は実際には着物を脱いで寝床で横になっているのに、服を着て炉辺に坐っていると思ったことがあるではないか。そしてその場合、夢を見ているそのときに、大抵は、自分が夢を見ているのだとは思っていず、現実の世界に対しているのだと思っているではないか。そこで、このような事態を逆にして、目覚めているときのわれわれの内外の感覚もあるいは一つの大きな夢ではないか、と疑ってみることもできるのではないか。かくして、われわれは覚醒と夢との区別を明かす「確実な標識」の存しないことを知って驚き、この驚きそのものは、〈現に今目覚めているはずの私は実は夢を見ているのだ〉と思いこませかねないほど大きいのである（19［08－22］）。

以上のように、デカルトの〈方法的懐疑〉は外部感覚・内部感覚の別を問わず、感覚に由来する一切の知覚に対する全面的な拒否を以て始められるのである。われわれはこのような主張を〈古典的〉と形容することもできる。いわゆる〈感覚的印象の主観性〉とは〈古典的〉見解だからである。「覚醒を夢幻《ゆめまぼろし》から識別することの困難」はプラトンの昔から論じられていたではないか(6)。そうだとすればしかし、「人間の精神の蒙昧さと人間の本性の脆弱さ」を「ありのままに真面目にかつ単純に述べ」ればよいのであって、デカルトの懐疑は「作為に走り、幻影を追い求め、婉曲な言い方を好んで用い」すぎているのではないか。[7]〈古典的〉となった見解はいわば〈通念〉となって、その包含する深い意味が見失われてしまうこともしばしばである。デカルトはなぜこの〈古くさい〉見解を自らの〈新〉哲学の出発点で援用したのか。この問題を、現代思潮の動向のなかで注目に値する一つの論争を手掛りにしながら、以下に検討してみよう。

M・フーコーは主著の一つ『狂気と非理性――古典主義時代における狂気の歴史――』において、デカルトの「第一省察」のなかの右に引用した〈狂気と夢〉の部分を論じ、そこにいわゆる〈狂気の追放〉と〈理性の出現〉に関する或る重大な徴候を認めた。[8]このフーコーの所説に対してJ・デリダが反論し、[9]さらにフーコーが回答するという次第で終っている。[10]この論争は二人の現代哲学者が〈デカルト解釈〉をめぐって攻防するというかたちをとっているが、その攻防は当然のことながらそのような狭い枠をはみ出して、両者におけるそれぞれ固有の哲学へと通じている。しかし、そのような論争に関してここでは、両者の根本思想にまでは立ちいらず、あくまでも〈デカルト解釈〉の問題に限定して論じてゆこうと思う。[11]

この〈論争〉の相違点は以下のように要約されよう。まずフーコーの主張によれば、「夢と狂気がデカルトの懐疑の展開のなかでは同じ地位も同じ役割もまったくもたない」、すなわち、「夢」は懐疑の重要な根拠となりうるが、「しかし狂気は懐疑の一手段でも一段階でもまったくない」のであって、〈狂気への言及〉がなされたのは「異論や制限」によってであるよりも、感覚的事物であっても「それについて筋道をたてて疑うことのできないものがある」という「抵抗」によってである。それというのも〈思惟するこの私は狂人ではありえない〉のだから、というのである。[12]デリダの反論はといえば、たしかにデカルトの関心からすれば、「狂気」は感覚的錯誤の「単なる一例にすぎず、しかももっとも重要な例というわけでもない」かもしれないが、しかしそれでも「狂気」に言及したのは、「狂気などよりも普通の、より普遍的な」「眠りと夢の経験」を援用することによって、「狂気の仮定」を誇張して展開するための「教訓的で修辞的な」技巧であった、それゆえ「こうした観点からすると、眠る人あるいは夢見る人は、狂人以上に気狂いなのだ」、ということになる[13]。したがってまた、デリダにとっては「たとえ私が気狂いであっても、たとえ私の思惟が完全に狂っていても」、私の思惟には「価値と意味がある」[14]ということになろう。

両者の論点を対比させながら〈論争〉を整理してみよう。感覚的知覚への全面的懐疑が「夢」の援用によって仕上げられる点では両者に対立はない。また、そのような全面的懐疑が、論理的には、すでに外部感覚に依拠する認識への懐疑として遂行されていたということ、しかしそれが心理的な抵抗に出会って、問題の〈狂気への言及〉がなされたということにおいても、両者に対立は認められない。両者の対立は、デカルトが当の〈狂気への言及〉において〈狂気の仮定を排除したか否か〉ということにあるようにみえる。しかし、〈否〉と答えるデリダ自身、たとえ〈狂気への言及〉がデカルト自身の省察的経験ではなく、「非哲学者」たる「架空の」人物の驚きの反論をただ「おうむ返しに繰返している」にすぎぬのだと解釈する[15]にもせよ、「それは教育的な領域では効果のない、まずい例」であることを認め、もし哲学者が自ら話をしているそのときに自らは気狂いかもしれぬなどと認めでもしようものなら、それほど「大胆になれぬ非哲学者の抵抗に会うことになる」と述べている[16]のであるから、両者の〈対立〉が根本的なものであるとは思えない[17]。真に対立があるのは、〈狂気への言及〉として語られる「抵抗」の含む意味に関してである。フーコーはそれを「〈あらゆる事柄を疑わねばならぬと知っている〉主体への変容」と規定する[18]。つまり、問題なのは、〈疑いうる事物の領域〉ではなくて、「疑う主体の身分」である。〈一切を疑いながら同時にそれが理にかなっている――筋道立っている〉ということが可能となるように、主体の資格を練りあげることが問題なのである[19]。そこで「夢」の経験が援用されることになる。「夢は繰返されるし、しばしば起る」。しかも、夢は「近い思い出をもち」、それに伴う「鮮明な印象」は「現実の印象」と較べても区別がつかぬほどである。かくして、感覚的認識に対する全面的懐疑の「実行」が「理にかなった」ものとなりうる、言うなら、懐疑が〈方法的〉となりうる、というわけである。[20]そうだとすれば、フーコーの意味するあの「抵抗」とは、〈人間を或る特権的な主体として――人間の存在を原理として――措定しようとする試みの表われ[21]〉に他ならず、かくて、デカルトの懐疑とは〈私とは何者であるのか〉という問い――そのように問うている〈私〉なる者の存在そのものを温存しつつ問うているその問い――に他ならぬ、ということになるのではないか。

「理にかなった」懐疑とは、「疑う主体」が傷つかぬように庇護されている条件のもとでなら、あらゆることについて疑うことができる、それゆえ疑わぬこともできる、という意味であろう。それこそは、デカルトが自らの〈方法的懐疑〉と区別した、いわゆる〈懐疑論者の懐疑〉ではなかったか。言い換えるなら、それはわれわれが或る閉じられた場所のなかに在って、その外部へ越え出ることができぬという事実を、ありとあらゆる問いを発することによって間接的に説明してみせるような行為といえよう。これは実は、われわれの日常の生き方そのものの姿なのではあるが、デカルト風に否定的に表現するなら、「疑うためだけに疑い、いつも不決断でいようとする[22]」態度ということになろう。このような態度をフーコーがもっとも雄弁に語るのは、「夢」の仮想のなかでもう一度新たに〈抵抗〉に出会う場合にも、あの「主体への変容」を援用して当の〈抵抗〉を無視するときである。

デカルトは〈夢の仮想〉のなかで、われわれの身体のさまざまな運動の知覚を、現実に自然な確実性を以て存在している身体との関係において、たとえ錯覚とみなすとしても、そのような知覚像の存在することは疑えないのではないか、と問う。あたかも、画家はいかに奇怪な存在を描き出すにしても、「それに何から何まで新しい本性をあてがうということはできないのであって」、それゆえ「まったくの虚構でもあれば虚偽でもあるような何ものかを彼らが考え出すとするにしても、しかし少なくともそれをこしらえあげるための色だけは真実のものでなければならぬ」というのと同然ではないか。そうだとすれば、〈真にせよ偽にせよわれわれの思惟のうちにある一切の像がよって以て作られるところのものは真であると必然的に承認しなければなるまい〉。それゆえ、単純で普遍的なものにかかわる認識をこととする算術や幾何学のような科学は、「確実にして不可疑的な或るものを含む」ことになろう。「というのも、私が目覚めていようとも眠っていようとも、二と三を足し合わせれば五であり、四角形は四つより多くの辺をもつことはないのであって、これほど分明な真理が虚偽の嫌疑をかけられるということはありえないと思われる」からである（19［23］―20［31］）。

このような、〈夢の仮想〉のもとに出会う〈新たな抵抗〉に関してもまた、フーコーは同じように「省察主体への変容」を主張する。重要なことは、われわれは〈気狂いのふりをすることはできない〉のに対して、〈眠っていて夢を見ているふりをすることはできる〉という「差異」なのであって[23]、懐疑を実践する主体は自らにそのような資格を付与すべく〈狂気〉を排除するのだ[24]、というのである。そうだとすれば、あの〈新たな抵抗〉はフーコーにとっては「理にかなった」〈方法的な〉懐疑を強化するための道具立てを意味するにすぎぬことになる。フーコーはデカルトの懐疑をあくまでも心理的次元のものとして解釈しようとするのである。

ところでデリダの方は、当の〈新たな抵抗〉のもとに、感覚的認識から知的認識への「推移」と両者の間の「断絶」を理解する。そこにおいては「感覚から生まれるあらゆる意味、あらゆる〈観念〉が、狂気と同じ資格で、真理の領域から排除されている」と言う[25]。つまり、〈非哲学者の抵抗〉として、「感覚的錯誤なるものの単なる一例にすぎず、しかも重大な例というわけではない[26]」〈狂気〉が排除されることによって、却って〈知性〉の次元へ移され、強化されたというわけである。さらに言い換えるなら、懐疑が「夢」からさらに（すぐ後で述べる）〈悪しき霊〉の仮説へと拡張されるときには、〈狂気〉はもはや感覚の部分的誤謬の一例ではなくなって、単に感覚的認識ばかりではなく知性的認識をも冒すような、「全体的狂気の可能性」[27]の問題となる、というわけである。しかも、そのような「全体的狂気」たるや、「純粋思惟のなかに、その純粋に可知解的な対象のなかに、明晰判明な観念の領域のなかに、自然な疑いを免れた数学的真理の領域のなかに、大転覆をもたらすような」「全体的狂乱」だという。[28]その意味で、〈狂気〉とは、デリダによれば、〈正常な人生を担う歴史性を蝕む傷口〉としての「沈黙」であり「中断された言葉」である、ということになる。[29]しかしデカルトにあっては、〈悪しき霊〉の仮説は「全体的狂気」や「全体的狂乱」といった問題ではない。徐々に明らかになってゆくように、当の仮説は〈永遠真理被造説〉に結びつき、とりわけ〈矛盾律の無化〉という論理を展開することになるのである。〈矛盾律の無化〉とは「仕事の不在」[30]（言うなら「狂気」、言うなら「沈黙」）などではなく、他ならぬ〈新たな仕事〉の開示を意味するのである。感覚的認識と知性的認識とのあいだには連続的な「推移」はあっても「断絶」はない。すでに指摘したように、デカルトは本質的に受動的である「知性」の働きの典型を「感覚」において認めていた。デカルトの懐疑は感覚的知覚を問題にしながら、実は〈知性の在り様〉をこそ狙っていたのである。デリダは〈狂気の問題〉に注目するあまりに、感覚的認識への懐疑のもつ深い意味を見逃しているように思われる。その意味で、フーコーの方がデリダよりもはるかに重大な問題を提起しているのである。

〈方法的懐疑〉の一例として先に挙げた〈塔の知覚〉にもう一度言及するなら、当の知覚への懐疑が、〈塔が在る〉ということを前提したうえで、〈塔は円く在るかもしれないし四角く在るかもしれない〉と主張しているにすぎぬとすれば、それはいわゆる〈懐疑論者の懐疑〉に他ならなかった、つまり、〈疑う〉という主体の無力を通して対象の〈存在〉の絶対性を浮び上らせるような事態を語るものに他ならなかった。私は否でも応でも塔を見させられているわけであって、その場合、〈円い〉とか〈四角い〉とかの知覚内容は私にとってはただの付け足しにすぎぬかにみえる。そのようにして、懐疑論者たちは塔を知覚する際の〈私の受動性〉を絶対化して、つまり無視して、語ろうとするのであった。この〈知覚における私の受動性の絶対化ないし無視〉こそは、フーコーの主張する〈一切を疑おうと決意する省察主体への変容〉[31]に他ならない。「理にかなった」と称せられる懐疑とは〈知性的懐疑〉であって、〈意志〉はおよそ無力である。フーコーがしばしば語る〈疑う主体の決意〉とは、あの「抵抗」を前にした受動的知性の〈非決定なる自由に支えられた選択〉、いうなら〈強いられた意志〉にすぎない。あの「抵抗」こそは真に主題化されねばならない。そのとき初めて、デカルトの〈方法的懐疑〉はその姿を全面的に現わし、その全射程を明らかにするであろう。

第四節　数学的認識の吟味

そこで、〈夢の仮想〉に戻ってさらに懐疑を押しすすめてみよう。現に今目覚めているはずの私は実は夢を見ているのだと仮想しよう。そして、あの個別的な事柄、すなわち、われわれが眼を開くこと、頭を動かすこと、手を伸ばすことなどは、真ではないのだとしよう。否、おそらくわれわれは、そのような眼も頭も手も身体全体も全然もってはいないのだとしよう。「しかしそれでも、眠っているあいだに見られるものは、真なる事物を模してでなければ仮想されることのできなかった、或る種の画像の如きものであって、それゆえ、少なくとも眼、頭、手、身体全体といった、こうした一般的なものは或る架空のものではなくて真なるものとして存在することを、認めなくてはならないのである」。それはあたかも、画家たちはたとえばセイレンやサテュロスをいかに奇怪な存在として描き出すにしても、「それに何から何まで新しい本性をあてがうということはできないのであって」、ただ単にいろいろな動物のいろいろな部分を混ぜ合わせているにすぎぬ、というのと同然ではないか、あるいはまた、彼らが「まったくの虚構でもあれば虚偽でもあるような何ものかを考え出すとするにしても、しかし、少なくともそれをこしらえあげるための色だけは真実のものでなければならぬ」、というのと同然ではないか。そうだとすれば、われわれの思惟のうちにある事物の像はすべて、真であろうと偽であろうと、あたかも先の新奇なものが真なる色によって構成されているように、或る単純で普遍的なものによって作り成されているのだ、ということは必然的に承認されねばならぬのである（19［23］－20［14］）。

したがって以上のことから、自然学、天文学、医学その他すべて複合的事物の考察に依存する学問は、たしかに疑わしいものであるが、算術や幾何学の如き、「きわめて単純で至って一般的なもののみを取扱い、しかもそれが自然のうちに存するか否かをほとんど顧みない」学問は、何か確実で疑いえぬものを含んでいる、と結論しなければならない。「というのも、私が目覚めていようとも眠っていようとも、二と三とを足し合わせれば五であり、四角形は四つより多くの辺をもつことはないのであって、これほど分明な真理が虚偽の嫌疑をかけられるということはありえないことと思われる」からである（20［20－31］）。

以上の如き数学的認識の吟味において留意すべきことは、デカルトがデリダのように感性と知性との「断絶」を語るどころか、却って知性的認識を感性的認識との連続性のもとに論じている、ということである。繰返し述べてきたように、デカルトは本質的に受動的である「知性」の働きの典型を「感覚」のうちに認めていたのであって、かくてデカルトの〈方法的懐疑〉とは感覚的知覚を問題にしながら、実は〈知性の在り様〉をこそ狙っていたのである。

そこで、デカルトは数学的認識に関してなおもう一つの懐疑理由を提出する。すなわち、デカルトは〈夢の仮想〉に続く条りで次のように語って、「第一省察」を結論へと導くのである。「とはいうものの、私の精神には或る古くからの意見、何ごとも為しうる神が存在していてこの神によって私は現に存在しているようなものとして創造されたという意見、が刻みつけられている」。そうだとすれば、その〈全能の神〉がわれわれ自身としては完全に知っていることに関しても常にわれわれを欺いて、たとえば「私が二に三を加えたり、四角形の辺を数えたり、他にもっと容易なことが思いつかれうるならばそれについて判断したりするその度毎に、私は誤るというふうにさえ神はした」と仮想することもできるのではないか。とはいえ、〈欺く神〉などという仮説は「神の善性と相容れない」のではないか。一見そのように思えそうなのだが、実はそうではないのである。なぜなら、私を常に誤るような者として創造したということが神の善性に反するというのであれば、私が時々誤るのを許しておくということも、やはり神の善性に反すると思われるのであるが、事実として私が時々誤るということがないとはいえないからである。それゆえ、神が私をして常に誤らしめているということも認めねばならぬのである(21［01－16］)。もちろん、一切が不確実であると信ずるくらいなら、むしろ「それほどまでに力能のある神を否定する」ことを選ぶほうがましだ、と考える者もいよう。しかし、その者がどのような仕方で——「運命」によるにせよ(たとえばストア派の考え)、「偶然」によるにせよ(たとえばエピクロス派の考え)、「事物の連続的系列」によるにせよ(たとえば古代アリストテレス派の考え)、あるいは「他の何らかの仕方」によるにせよ——現在の自分に成るに到ったと仮定してみても、「誤ることや過つことは或る種の不完全性であると思われるから」、その者が自らの「起源の創作者」をより無力だと考えれば考えるほど、自らの不完全性はますます確からしくなってしまうのである。「このような議論に対してはまさに私は答えようもない」。かくして私は、「長らく真なるものと私が考えていたもののうちには、疑うことを許さぬようなものは何もないこと」、しかも、これは「無思慮や軽率によってではなく有力で考え抜かれた理由」によるのであること、「それゆえ、何か確実なものを私が見つけ出したいと思うとするならば」、右のような議論に対しても、「明白に偽なるものに対するのに劣らず、細心の注意を以て向後は同意を差し控えるようにしなければならぬということ、を認めざるをえないのである」(21［17］－22［02］)。

ここにおいて初めて、われわれは〈全面的懐疑〉の可能性を具体的に垣間見る思いがする。それは〈十分に「理にかなって」いて、〈懐疑〉をその固有の姿において追い求めようとするなら必然的に到達する事態である。〈われわれは夢を見ているふりをすることはできても、気が狂っているふりをすることはできない〉とフーコーは主張していた。〈自分は気狂いではなかろうか〉などと一体誰が「真剣に自問することができようか」、と。[32] そのような反論は心理的次元の〈問い〉としては説得性をもちえたが、ここに到っては有効な反論たりえない。なぜなら、狂気を〈懐疑〉として生きることこそが、かくてあの「抵抗」を主題化することこそが、問題だからである。それゆえ、われわれの「起源の創作者」をいかなる形で想定しても反論は意味をなさない。それゆえまた、〈私は何者であるか〉と問うて、そのように問うている私そのものの存在を温存させておくような事態は斥けられねばならぬのである。懐疑とは本質的に〈思弁〉であり、〈純粋な論理〉の追求である。事象をその〈在るがままに見る〉べく「〈速断〉と〈先入見〉を注意深く避け[33]」、事象の〈見方〉を主題化せねばならない。それゆえ、懐疑は一切の蓋然性を排除するのであって、その限り何らかの確実性へ導くものでなければならない。しかしまさにそれゆえに、蓋然的なものが〈心理的な確実性〉を装って絶えず懐疑に抵抗する。〈生きる〉ということは、通常はそのような事態に他ならぬからである。それゆえ、デカルトは右の「起源の創作者」の議論に直ぐ続けて次のように述べ、「第一省察」を結ぶのである。

「しかしながら、このことに気づいたというだけではまだ十分ではない、心に留めおくように気を配らなければならない。というのは、習慣となっている意見というものは絶えず舞い戻ってきては、いわば長い間の慣用と馴染みという特権とによってこの意見に固着させられている私の信じ易い心を、ほとんど私の意に反してさえも占拠してしまうものだからである」。また私がこれらの意見を「なるほど或る意味では疑わしいのであるが、それにもかかわらずきわめて確からしくて、否定するよりは信ずる方がはるかに事理にかなっていると思いなしているかぎりでは」、私は決して「それらの意見に同意し信頼をおくという習慣から脱け出すことは」ないであろう。「そのようなわけで私としては、意志を正反対の方向に向け直して、私自身を欺き、しばらくの間はそれらの意見はおよそ偽にして架空のものであると仮想し、かくして遂には、いわば先入見の重さが双方〔偽とみなされる一切の先入見の重さとそのように偽とみなすこととしての新たな先入見の重さと〕で均等になって、もはや曲った習慣のために私の判断が事物の正しい知覚から逸れることのないようにしてみるとしても、悪い処置ではあるまいと思うのである」。実際、そうしたところでその間に「危険や過誤」が生じてくることはまずないし、「それに今は行動にかかわる事柄ではなくて認識にかかわる事柄にのみ没頭しているのであるから、どれほど不信を逞しくしても過ぎることはありえないということを、私は知っているからである」（22［03－22］、〔　〕内は引用者）。

「そこで私は、真理の源泉たる最善の神ではなくて、或る邪意にみちた、この上もなく力能もあれば狡智にもたけた守護霊が」その全力を傾けて私を欺こうとしていると仮想しよう。「天空、空気、大地、色、形、音、並びにその他の外物の全部」のみならず、私自身に具わっているとみなしている肢体の全ては、「この霊が私の信じ易い心を誑《たぶら》かそうとするための夢の愚弄に他ならない、と考えよう」。私はこの省察に頑強に踏み留まろう。そうすれば、たとえ「何らかの真なるものを認識すること」が私にとっては不可能であるにもせよ、しかし、「偽なるものに同意しないように、また、そうした欺瞞者がどれほど力能があり狡智にたけているにしても、何かを私に押しつけることのできないように、牢固たる精神を以て」用心することはできるのである。「しかしながら、これは骨の折れる目論見であって、一種のものぐさがついつい私を平素の生活の習慣に引き戻してしまうのである。それは、睡眠中に想像のうえで自由をたまたま楽しんでいた囚人が、その後自分は眠っているのではあるまいかと疑い始めるというそのときに、呼び覚されるのを怖れて快い幻想とともにゆっくりと目を閉じているのと違わないのであって、このようにして、自ずと私は古い意見のなかへと逆戻りしてゆき、目を覚ますまいとするのであるが、それは穏やかな眠りの後に続く骨の折れる覚醒の時を、何らかの光のなかでではなく、今提起された難問の解きがたい闇のなかで、これからは過さねばならなくなるのではないかと惧れてのことである」(22［23］–23［18］)。

引用が少し長くなりすぎた。しかし、懐疑の独自の姿をこれほどみごとに語った哲学者が他にいるだろうか。懐疑とは、繰返し述べるが、〈思弁〉であり〈純粋な論理〉の追求であって、いわば一瞬一瞬意志的に支えられねばならぬ真なる実践である。それはデカルトが自らの哲学を、単に開陳しようとするのではなくて、生きた思想に変容しようと意図していることを示すものである。(34) それゆえにこそ、このような〈懐疑〉の概念は多岐にわたる困難な問題を包含することにもなる。そこで、それらの問題を、右の引用文のなかで中核をなしていた二つの仮説、すなわち〈欺く神〉と〈悪しき霊〉との関係に集約し、展開してみたいと思う。

〈欺く神〉の仮説は〈全能の神〉を前提している。全能であるがゆえに欺くこともできるわけである。それゆえに、「疑うことを許さぬようなものは何もない」ということになるのである。ところで、この一句は両義的である。すなわち、一は、疑うということがア・プリオリに――やってみるまでもその通りに――行われうるということ、他は、そのような可能性そのものをも疑いうるということ、である。

第一の場合には、われわれが自らの「起源の創作者」を無力とみなせばみなすほどわれわれ自身の「不完全性」が本当らしくみえてくるということからも明らかなように、〈全能の神〉が自らの存在を理由づけ説明してみせるために、われわれに〈疑うという手続き〉が要請されるような仕方で、懐疑が行われる。そのような神は、ほとんどわれわれの「意に反して」、いわば〈自然に〉われわれを捉える、あの「長い間の慣用と馴染みという特権」として具体化され、われわれの「行動」を基礎づけるであろう。その意味で、当の仮説は〈方法的〉に作為された〈純粋仮想の懐疑〉ではなく、現実に実践することも容易に可能な懐疑である。しかし、このような懐疑は単に過去の明証の記憶――「古くからの意見」――に主として基づいた、心理的事実に依拠するものであって、あの〈夢の仮想〉として遂行された懐疑を極限にまで押しすすめたものといえよう。それは明証の一つの次元が、あたかもその向側へ越え出ることのできぬ壁のように、すでにア・プリオリに設定されていることの心理的な表現である。

しかし、他方、この〈欺く神〉の仮説は〈夢の仮想〉とは異なって、〈仮説〉とみなされるかぎりにおいて、疑うことの「有力で考える抜かれた理由」でもある。〈一切を疑う〉ということが許されるとするなら、そのように疑う主体の営為そのものをも疑いうるのでなければならない。懐疑は「理にかなった」仕方で「実践」されねばならぬのだとすれば、論理的に考えるかぎり、フーコーの主張とはまったく反対に、右のような事態こそは〈真に「理にかなった」、真なる「実践」〉といわれるべきである。かくして、〈欺く神〉の含意する〈懐疑理由〉をいつも「心に留めおく」ことが要請されるわけであって、その役割を担うものとして援用されるのが〈悪しき霊〉の仮説に他ならない。それは或る次元の明証に服さざるをえぬかに思われるがゆえに服さぬふりをする[35]という、意志的な、作為された、いわば自然に反して導入される懐疑である。明証的事実を前にして〈実際には〉それを受け容れぬことがいかに不可能であるにもせよ、〈権利上は〉それが常に可能なのである。それゆえ、この仮説はわれわれが自らに何ものをも強いることのないように、新たな明証全体を意識的に創出しようとする、[36] いわば〈純粋にア・ポステリオリな〉営為であり、心理的事実を吟味する〈思弁〉を支持して「認識」そのものを基礎づける〈形而上学的〉懐疑である。それは「非哲学者」といえども「一生に一度は」〈哲学者〉らしく振舞わねばならぬ「骨の折れる目論見」である。しかし、〈哲学者〉といえども〈人間〉ではないか。デリダはこの〈悪しき霊〉の仮説のうちに「純粋思惟のなかに大転覆をもたらす」ほどの「全体的狂気の可能性」を読みとったのであったが、しかし、論理的に考えるなら、「狂気」など援用しなくても十分に理解できる事態なのである。他方、フーコーはといえば、「狂気」が実在しないものを実在するかのように〈信じさせる〉のに対して、〈悪しき霊〉は実在しているものを〈信じないことを可能ならしめる〉のであり、かくて、当の〈悪しき霊〉が「狂気」の力をもちうるのは、「狂人であるかもしれぬ危険が省察の実行によって排除されてしまった後のこと」なのだ、と反論する。[37] しかし、このような〈反論〉にしても、デカルトにとっては〈偽なる先入見〉と〈真なる先入見〉（つまり、一切の先入見を偽とみなすこととしての先入見）とについて双方の「重さが均等」のものとみなそうとする——そのようにして、「疑わしい」ものが「確からしい」ものへと変貌せぬようにする——ことが問題なのであるから、ここでは見当外れの主張である。たしかに、〈欺く神〉の仮説は「理にかなった」懐疑の極限であるが、それを維持して真に実践するとすれば〈悪しき霊〉の仮説が不可欠なのであって、この〔後の方の〕仮説は、たしかに〈懐疑理由〉ではなく〈懐疑手段〉であるとして〔先の方の仮説とは〕区別されうるにせよ、[38] しかし〈懐疑理由〉と不可分のものなのである。〈一切を疑う〉という全面的懐疑は〈理性（理由）〉そのものが疑われることによって、当の〈理性〉を超えてこそ可能となる。[39] この〈超理性性ないし非理性性〉を殊更に「狂気」と呼ぶ必要はないであろう。ただ、〈全面的懐疑〉によって〈私の懐疑〉そのものが疑わしいということになれば、自らの意志が急激に解き放たれることによって「勝手に逆さまの世界を宣告する」必要がある。〈悪しき霊〉とはこの「意志の擬人化」（つまり、その全能の力が他のいかなる完全性によっても混乱することのない一つの意志）に他ならぬのである。[40]

II　第二省察「人間的精神の本性について、精神は物［身］体よりもよりよく知られるということ」

第一節　〈コギト〉の発見

デカルトは「第一省察」において〈全面的懐疑〉をその極限にまで押しすすめることにより疑う主体の営為そのものまでをも疑わねばならなくなった事態を、続く「第二省察」の冒頭で次のように言い表わしている。すなわち、「昨日の省察によって私は実に大きな懐疑のなかに投げこまれたので、もはやそれを忘れることができないし、しかもまた私はそれをいかなる仕方で解決すべきであるかもわからないのである。あたかも渦巻く深淵のなかに不意に落ちこんだように、私は狼狽して、足を底につけることもできなければ、泳いで水面へ浮び上ることもできない、といったありさまなのである」（23［22］－24［03］）、と。しかし、それでもデカルトは気を取り直して、昨日踏みこんだのと同じ道をもう一度辿ろうとする。なぜなら、きわめてわずかでも疑いを容れうるものは全て、あたかもそれがまったく偽であることを自らが見きわめているのと同じように、それを払いのけてゆくならば、〈アルキメデスの確固不動の一点〉にも比すべき、「たとえきわめてわずかなものであれ何か確実で揺るがしえないもの」を見出す、という希望を抱きうるからである（24［03－13］）。そこでデカルトは、まず、自らの見る全てのものは偽であると想定する。また、偽り多い記憶の示すものは全てけっして存在しなかったのだと信ずることにする。自らは何らの感覚器官ももたないとする。物体、形状、延長、運動、場所などは幻影にすぎぬとする。「そうであるなら、真であるのは……確実なものは何もないということだけであろう」、ということになる（24［14－18］）。しかし、ここでデカルトは自問する。「今私の数えあげたものとは別のもので、しかも疑うべき余地が少しもないようなもの、は何もないということを、一体どこから知るのか」、と。何か「神」の如き全能者――これを「神」といって悪ければどのような名で呼んでもよいが――がいて、そのような存在によって私は右のような考えを吹きこまれるのではないのか。しかし、なぜ「神」などをもち出す必要があろうか。「おそらくは、私自身がそのような考えの作者でありうる」のである（24［19－24］）。そうだとすれば、少なくともこの「私は何ものかである（ego aliquid sum）」はずではないか（24［24－25］）。

かくして、デカルトの〈方法的懐疑〉は「私は何ものかである」という明証へと向かい、その明証をめぐって押しすすめられることになる。すなわち、「何ものか」にかかわる明証が〈懐疑の対象領域〉の問題から〈疑う主体としての私の身分〉の問題へと移されるのである。

一切を疑うという全面的懐疑のなかでは、「何ものか」の何であれ全てが対象となる。私は私に対して、世界のうちには天空も大地も精神（つまり他者）も物〔身〕体も何ひとつとして存在しない、と説得する。私が身体や感官と結びついてそれらなしには在りえないのだとすれば、当の私自身もまた無い、と説得する（24［25］－25［05］）。このような懐疑においてまず問題になるのは、〈疑いを容れうるものの領域〉である。一切を疑うということは、論理的に考えれば、疑いを容れうるもの全てを、したがって疑いを容れうるもののみを疑うことである。それゆえ、疑おうと意志すればいくらでも疑うことができるが、しかし途中で止めることもできる。このような事態をデカルトは〈欺く神〉の仮説として展開したのであった。〈神、あるいはどのような名でそれを呼ぼうと、何かそういった者が在って、私に全ては疑わしいという考えそのものを吹きこんでいるのではないか。何故にしかし、私はそう考える必要があるのか、たぶん私自身がそういう考えの作者でありうるというのに〉、と。つまり、神が全能であって私を欺くことができる、と想定するのであれば、却って、そのような想定を斥けて、私自身が自らを欺いていると考えてもよいわけである。なぜなら、私の起源の創作者を無力とみなせばみなすほど、私が疑い、かくて不完全であるということは、ますます確からしくなるからであった。そのようにして、〈少なくともこの私は何ものであるのではないか〉と結論することができたのである。そこには、すでに述べたように、いわば〈非決定なる自由に支えられた選択〉言うなら〈強いられた意志〉としての〈疑う主体〉が予想されている。「何ものか」を疑うかぎり、まさにそのことによって〈疑う主体としての私〉がそっくり保存されるのである。私が何ものかを疑うとき、当の疑うという働きは〈私〉よりもむしろ〈何ものか〉を指示している。つまり、〈私〉の存在は、〈何ものか〉の存在に還元されるかのように、対自化されない。私は否応なく、言うなら自然に、疑うのである。このような〈私の受動性〉を示すものこそは、「私は何ものかである」という言明である。〈私は何ものかを疑う〉がゆえに〈私は何ものかである〉。〈私の存在〉は〈懐疑の対象〉に依拠しつつ、当の対象との〈差異〉として措定される。この〈措定〉はア・プリオリである。それは〈疑う〉という働きが懐疑の対象に還元されることによって、つまり働きが働きとして支持されぬことによって、果されるのである。

そうだとすれば、懐疑という働き自体を主題化せねばならない。懐疑とは、本来、対象から実在性をはぎ取り、その存在をカッコに入れることにあるのだから、〈対象に依拠した懐疑〉の如きは矛盾した事態である。そのような懐疑こそはいわゆる〈懐疑論者の懐疑〉に他ならなかった。懐疑を〈働き〉として主題化するとは、懐疑の〈対象領域〉ではなくて、〈疑う主体としての私の身分〉にかかわる問題となる。〈私の存在〉それ自体が疑われねばならない。しかし、それは〈私〉を懐疑の対象とするということではない。そうではなく、疑うという私の働きを同定するような別の働きを定立することである。私について〈私は在るか〉と尋ねることではなくて、端的に〈私は在るか〉と問うことである。私について〈私は在るか〉と尋ねるかぎり、その〈私〉は常に主語であって主題化されることがない。尋ねる度毎に〈私〉はいわば無限に後退するようにして〈主語〉の位置に留まる。その際の〈在る〉とは外的で身体的な意味での〈在る〉でしかない。端的に〈私は在るか〉と問うときには、主語ではなく動詞としての〈私〉が問題になる。内的な、真なる意味での〈在る〉が問題なのである。そのようにして、〈私〉を〈主題化されることのないように無限に後退して出現する主語〉として捉えることのないようにするべく、デカルトは〈欺く神〉の仮説を〈悪しき霊〉の仮説によって支えるのである。かくしてデカルトは、「誰かしら或る、この上もなく力能もあればこの上もなく狡智にたけた欺瞞者がいて、故意に、常に私を欺いている」(25［06－07］)と想定する。何者かが「常に私を欺く」ように、そしてそのかぎり〈常に私は疑う〉のである。あるいは疑い、あるいはそれを止めることもできるような、〈働きを担う主体としての私〉が問題なのではなく、〈疑う働きとしての私〉が問題なのである。そのような者として「私は何ものかである」。ここに「何ものか」は懐疑の〈対象領域〉から〈疑う私の身分〉へと移される。かくして、「彼が私を欺いているならば、そうとすればこの私もまた在る、ということは疑うべくもないのであって、彼が力のかぎり欺こうとも彼はしかしけっして、私が自分は何ものかであると思惟するであろうかぎりは、私が無であるという事態をしつらえることはできないであろう」(25［07－10］)。そのようにして結局は、「〈私は在る、私は存在する (Ego sum, ego existo)〉というこの言明は、私によって言表される度毎に、あるいは精神によって概念される度毎に、必然的に真である、と論定されねばならないのである」(25［11－13］)。

以上の如く、〈我の存在〉の定立は〈疑うという働きの同定〉と不可分の関係にあることが明らかである。この点はすでに、「省察の概要」の次のような条りのなかで、簡明に述べられている。「第二省察においては、自らに固有の自由を用いて、きわめて少しでもその存在について疑いうるものは全て存在しないのだと想定するところの精神が、自らはしかしその間存在しなければならないことに気づくのである」(12 [10－13])、と。また、同じく、「普遍的懐疑」こそが〈我の存在〉を直接もたらすという点が特に強調されているのは対話篇『真理の探求』においてである。デカルトの代弁者であるユードックスは対話相手のポリアンドルに対して次のように語る。「あなたは自分が疑っているということを否定できず、反対に、あなたが疑っているということは確実であり、それもそのことをあなた自身疑いえないほどに確実なのですから、疑っているところのあなたが在るということもまた真実です。しかもそのことは、あなたがそのことをさらには疑うことができないほどに真実なのです」。「それゆえあなたは在る、そしてあなたはあなたが在ることを知っている、そしてあなたはそのことをあなたが疑うがゆえに知っている」、と。[1] ところで、「疑うということは或る仕方で思惟するということに他ならない」から、「私は疑う」がゆえに「私は在る」と言えるのなら、「私は思惟する」がゆえに「私は在る」と言ってもよい。[2] すなわち、「私は疑う、ゆえに私は在る (dubito, ergo sum)」、あるいは同じことであるが、「私は思惟する、ゆえに私は在る (cogito, ergo sum)」である。[3] かくして、『省察』における「私は在る、私は存在する」というあの言明は、「私は思惟する、ゆえに私は在る」という〈デカルトのコギト〉としての「哲学の第一原理」[4]の、きわめてニュアンスに富んだ表現なのである。

しかし、〈きわめてニュアンスに富んだ〉とは具体的にいかなる意味であるか。〈コギト〉の命題が初めて表明されるのは『方法序説』においてであり、[5] さらには『哲学原理』においても現われる。[6] この命題については、まず、それが〈三段論法による推論〉ではないかという、読者からの反論が生じた。特に、『第五反論』を執筆してデカルトの最大の論敵であったガッサンディは、自らの『再反論』のなかでおよそ次のようにデカルト説を論駁する。すなわち、問題の〈コギト〉の命題は「思惟する者は在る（qui cogitat est）」という大前提の隠された「省略三段論法」であって、しかもその大前提自体が確証されたものではなく、かくて「一つの先入見」を成している、それゆえ、〈コギト〉の命題は先入見に基づく「誤謬推理」である、と。(7) これに対してデカルトは、ガッサンディの反論には直接答えないものの、当の反論に関する『クレルスリエ宛書簡』のなかで次のように語る。すなわち、ガッサンディの反論におけるもっとも甚しい誤りは、彼が「個別的な命題の認識は常に普遍的命題から、弁証法の三段論法の順序に従って、演繹されねばならない」と想定していることにある。この点でガッサンディは、「真理がいかなる仕方で探求されねばならぬか」をほとんどわきまえていない、ということを示している。それというのも、「真理を発見するためには、常にまず個別的な知見から始めて、その後で一般的な知見に到るというのでなければならぬということは確かであるからである」と。(8) すでにデカルトは、右のガッサンディの反論の如きを予想するかのように、『第二答弁』のなかで次のように語っていた。すなわち、「われわれはわれわれが思惟しつつある事物であるということに気づくとき、それはいかなる三段論法からも結論されることのない或る第一の知見なのである。また誰かが〈私は思惟する、ゆえに私は在る、言うなら私は存在する〉と言うとき、彼は彼の存在を彼の思惟から三段論法によって演繹するのではなく、精神の単純な直観によって自ずからに知られた事物として認識するのである。そのことは、もし彼の存在を三段論法によって演繹するのであれば、彼は前以て〈思惟するところのものは全て在る、言うなら存在する〉という大前提を知っていなければならなかったであろう、ということから明らかである。しかしそれとは反対に、彼はその大前提を本当はむしろ、自分が存在するのではないかぎり思惟するということはありえない、ということを自らのうちで経験するということから学ぶのである。それというのも、一般的な命題を特殊なものの認識から形成するというのが、われわれの精神の本性だからである」、と。(9) かくして、〈コギト〉の命題が『省察』では「私は在る、私は存在する」という言明のかたちをとっているのは、当の命題が普遍的な命題に先立って直観的に知られる特殊的個別的命題に他ならぬ、ということを端的に物語る事態なのである。

　ところで、右の『第二答弁』において主張された内容は十分に心に留めおかれねばならない。なぜなら、デカルトは『哲学原理』のなかで次のようなことを述べているからである。すなわち、「私が〈私は思惟する、ゆえに私は在る〉という命題は、誰でも順序正しく哲学する人の出会う、あらゆる命題のうちで最初の最確実な命題であると言ったとき、そのゆえに、〈思惟とは何であるか〉、〈存在とは何であるか〉、〈確実性とは何であるか〉、さらに同じく〈思惟するものが存在しないということはありえない〉等のことを、当の〔〈コギト〉の〕命題より前に知っておかねばならぬということを否定したわけではない。しかし、それらはきわめて単純な概念であって、それらだけでは何ら存在する事物の知識を与えてくれないのであるから、したがってそれらを数え立てる必要は認めなかったのである」、と。(10) デカルトは、右に述べた如き諸々の単純概念は予め知られている必要があるにもせよ、それらが〈我の存在〉の定立に導くものではない、ということを強調したいのである。それらの単純な概念とは、「われわれの精神のうちに居を占める或る種の永遠真理」の如きもの、言うなら「共通概念」ないし「公理」の類、に属するものであって、「それら全てを数え上げることは、なるほど容易にはできないが、しかしいつかわれわれがそれについて思惟する機会が生じ、しかもその場合にわれわれが先入見によって盲目にされていないならば、知られずにはいないものなのである」。(11) かくして、〈コギト〉の命題、言うなら〈我の存在〉の定立は、あらゆる先入見を斥ける普遍的懐疑を通して到達されるべきものであるが、まさにそのようにして直知せられる特殊的個別的な〈コギト〉の内的経験のなかでこそ、あの単純な諸概念の類の意味は、したがってまた、先述の〈思惟するところのものは全て在る、言うなら存在する〉という大前提の真理性も、学ばれるものなのである。

したがって、『第二答弁』における、〈コギト〉の命題は三段論法によって導出されたものではなく、却って、暗黙のうちに先行しているその大前提と目されるものの真理性は〈コギト〉の内的経験からこそ汲みとられ教えられるものである、というデカルトの主張は、右に引用した『哲学原理』の立言と符合するものである、ということが明らかである。したがってまた、その点に却って矛盾を感じとったビュルマンに対して[12]、デカルトは次のように答えるのである。すなわち、たしかにわれわれは、〈私は思惟する、ゆえに私は在る〉という結論の前に、〈全て思惟するものは在る〉という大前提を知ることはできるのであるが、しかしそれは、「暗黙のうちにいつでもそれが前提されており、それが先立っているから」、という意味においてである。そうだからといって、「いつでもはっきりとあからさまにそれが先立つことを私が認識したり、自分の結論より先に知ったりする」、というわけではない。というのも、「私は注意を、〈私は思惟する、ゆえに私は在る〉の如き、私自身のうちで経験するものにのみ向けている」のであって、「〈全て思惟するものは在る〉といった一般的な知見に注意を向けるのではない」からである。「われわれはこれらの〔一般的〕命題を個別的なものから切り離したりはしないのであって、それらの命題を個別的なものにおいて考察するのである」、と[13]。言い換えるなら、〈全て思惟するものは在る〉という一般的命題が暗黙のうちに先行しているということは、当の命題がそれから〈コギト〉の命題が結論されるところの三段論法の大前提として機能しているという意味ではなく、却って、当の一般的命題の意味は特殊的個別的な〈コギト〉の命題の直知からこそ汲みとられる、ということなのである[14]。かくして、『省察』におけるあの「私は在る、私は存在する」という立言は『第二答弁』の主張に沿って解釈されねばならぬ、ということが理解されるのである[15]。

さて、次に、今や必然的に在る「その私が一体何者であるのか（quisnam sim ego）」ということが問われねばならない（25［14－15］）。なぜなら、「私は在る、私は存在する」という立言は、〈疑う働きとしての私〉それ自体として、普遍的懐疑のいわば極限点において確立されたものであって、その〈我の存在〉をもたらし〈我の必然的本性〉を構成するものとしての〈我の本質〉とは何か、という問いはそれまでの過程において未だ主題化されてはいなかったからである。そこでデカルトは、「何か他のものを、不用意にも私と取りちがえたりすることのないように、かくてまた、あらゆる認識のうちでもっとも確実でもっとも明証的であると私の主張する認識においてすら踏み迷うことのないように、用心して」、「この思索に入った以前、かつて私は一体何ものであると私が信じたのか、改めて省察しよう」（25［15－20］）とするのである。

まずデカルトは、自分を「人間」であると考えていたことに注目して、〈人間とは理性的動物である〉というスコラの伝統的な概念的定義を取りあげる。しかしそうすると、「動物とは何か」、「理性とは何か」といった具合に次々に問いが生じてきて、結局「人間」の意味を確定する術が見失われてしまうことになる（25［25－29］）。そこでデカルトは、今度は、以前に〈私は何であるか〉を考察したときに、その都度ひとりでに導かれて自らの意識に浮んだものに注意を向けようとする（25［31］－26［02］）。すると、真先に、アリストテレスやスコラ学者の考え方が浮んでくる。すなわち、人間は身体機構をもつということ、そしてその機構のもとで栄養を取り、歩行し、感覚し、思惟するのであるが、これらの活動の源は霊魂に関係づけていた（26［02－08］）。しかし、その「霊魂」については、デカルトはそれが何であるかに注意を払わなかったか、あるいはそれを「風とか火とかエーテルとかに似た、何か微細なものであると想像し、これが身体の粗大な部分にゆきわたっているのだ」と思いなしていた（26［08－11］）。しかし、その「身体」すなわち「物体」についてなら、デカルトは「その本性をはっきり知っていると思っていた」と言う（26［11－12］）。すなわち、「物体」とは〈形によって限られ、場所によって囲まれ、他のすべての物体をそこから排除するような仕方で空間をみたすようなもの〉、〈諸感官によって知覚されるようなもの〉、なおまた〈多くの仕方で動かされるが、自分自身によって動くことはけっしてないようなもの〉、こういうものの一切のことである（26［14－19］）。つまり、「自分自身を動かす力、同じく、感覚するもしくは思惟する力を有することは、けっして物体の本性に属さないと私は判断したのであり、のみならず、そのような能力が或る種の物［身］体のうちに見出されることに私はむしろ驚いたのである」（26［19－23］）。

しかるに、「今私は、或るきわめて力能ある、そしてもしそう言うことが許されるなら、悪意のある、欺瞞者が、あらゆる点でできるだけの苦心を払って私を欺いているのだと想定している」（26［24－26］）のであった。そうだとすればいかなる事態になるか。「私は、物体の本性に属すると先ほど言った全てのもののうち、たとえきわめてわずかのものであれ、何かをもっていると主張しうるであろうか」（26［26］－27［01］）。栄養、歩行、感覚等、精神に帰した活動についても事情は同じである。「実に今私は身体をもっていないのであるから、これらもまたつくりごと以外の何ものでもない」。それに、「夢のなかでは感覚していると思っていたが、後になってみると、実際に感覚したのではないと気づいたものが、実にたくさんあったのである」（27［02－07］）。かくして、今や必然的に在る「その私が一体何者であるのか」という問いを以て始まった〈コギト〉の展開のなかで、「私は何ものかである」という「思惟」は、〈疑う働きとしての私〉それ自体としての、言うなら端的に〈私は在るか〉と問うその問いへの答えとしての、〈私は在る〉ということに他ならなかった。〈私は在るか〉と問われる度毎に、必然的に〈私は在る〉のである。〈私は在る〉という不可疑の明証は、〈私は疑う〉という働きの〈真理性〉の表現に他ならなかったのである。そうだとすれば、「私は何ものかである」という「思惟」とは、「私は何者であるのか」と〈繰返し尋ねる「思惟」〉であるということになる。「私は注意し、思惟し、幾度も立ち返る。が、何もみつからず、私は同じことを空しく繰返すことに疲れる」（27［01－02］）。かくして、「思惟することはどうか。ここに私は発見する、思惟がそれだ、と。これのみは私から引き剝がすことができないのである。私は在る、私は存在する、これは確実である。それはしかし、いかなるかぎりにおいてであるか。思うに、私が思惟しているかぎりにおいてである。というのも、私が一切の思惟を止めるとしたならば、おそらくまた、その場で私はそっくり在ることを罷める、ということにもなりかねないであろうから」（27［07－12］）。ここに言う「思惟」とは、〈私は疑う〉という働きの〈形相〉である。働きを対象化して――対象とのかかわりにおいて、働きをいわば外側から眺めるようにして――捉えるのではない。働きそのものを同定する働きを定立すること、働きそのものにいわば〈触れる〉働きを定立すること、働きそのものをいわば〈別の働き〉として定立すること、が問題なのである。「これ〔思惟〕のみは私から引き剝がすことができない」とは右の如き意味である。端的に「私は何者であるか」と問うことが重要なのであって、私について「私は何者であるか」と問うのではない。そのようにして、「私とは唯ただ厳密に言えば思惟しつつある事物（res cogitans）、言い換えるなら精神（mens）、すなわち霊魂（animus）、すなわち知性（intellectus）、すなわち理性（ratio）であって、これらは以前にはその意味が私には識られていなかった言葉（voces）なのである。私はしかし、真なる事物、かくて真に存在しつつある事物（res vere existens）である。だがいかなる事物であるか。私は言った、思惟しつつある事物である、と」（27［13－17］）、と論定される。「思惟」の働きが働きそのものとして定立されることによって、これまで受けいれられてきた言葉の意味が「修正」され、新たな意味が創出されるのである。[16]

第二節　思惟と想像

「思惟」に関して、それまで受けいれられてきた意味が「修正」され、新たに創出された意味とは、いかなる事態を展開するのか。それは、「思惟しつつある事物」としての〈我の存在〉とは身体や物質的事物から独立した〈一つの働き〉であるということ、かくて、そのような「思惟」の働きからは一切の「想像」作用が潔癖に排除されねばならぬということ、を意味している。デカルトは繰返して語る。私は人体と称せられる諸々の肢体の集合ではない。私はまた、これらの肢体にゆきわたっている、何か希薄な空気でもなく、風でも火でも蒸気でも息でもなく、およそ私の描き出すいかなるものでもない。これらのものは、あのきわめて力能ある欺き手のもとでは、無であると私は想定したのであるし、この想定がそのままであっても、「私は何ものかである」という立言は動かないのである、と（27［18－23］）。しかしながら、「もしかすると、私に知られていないとの故を以て、無であると私が想定している当のものが、事物の真理においては、私が知っているこの私と異なったものではない、ということが生じないであろうか」（27［24－26］）。これについては私は何も知らないし、今その点で争うつもりはない。ただ、現に今は、一切の判断は〈現動的な思惟の働き〉に即してのみ行使されねばならぬのである。すなわち、「ただ私に知られていることについてのみ、私は判断を下しうるのである。私は私が存在することを知っている。そして、私の知っている私、その私は何者であるのか、と問うているのである。このように厳密に解された私についての知識が、その存在を未だ私の知らないようなものに依存しないということ、したがって、私が想像を用いて思い描く（imaginatione effingo）ものにはけっして依存しないということは、きわめて確かである」（27［27］－28

［02］）。そもそも、「思い描く」というこの言葉だけからしても、私の誤りは歴然としている。それというのも、「想像する（imaginari）とは、物体的な事物の形、あるいは像を眺めることに他ならない」のだから、「もし私が自分を何かであると想像するとしたならば、私は実際に、〔私の像を〕虚構することであろう」（28［02－05］）。それは、私について、〈私は在るか〉と問うて、〈私は何ものかである〉と答えるような事態であった。その際には、〈私は在るか〉と尋ねる〈私〉なるものの存在そのものが温存されていて、かくてその〈私〉なるものについての「像」が「虚構」されるのである。そうではなくて、端的に〈私は在るか〉と問うて、〈疑う働きとしての私〉それ自体としての〈我の存在〉を同定することが問題であった。そのようにすることによって、「私は在るということを確知する」と同時に、物体的な像の一切が「夢幻《ゆめまぼろし》」以外の何ものでもないかもしれぬということを確知する」ならば、「私は一体何者であるか」をもっとはっきり知るために想像を用いるなどということは道理に反すると思われる。かくして、想像の助けを借りて捉えられるいかなるものも、私が私について有する知識には属さないということ、「精神が自己の本性をできるだけ判明に知覚するためには、精神をそれらの〔想像の助けによって知られる〕ものから極力入念に遠ざけねばならぬということ」、が理解されるのである（28［05－19］）。

かくして、「私」は「思惟しつつある事物」である。しかし、「これはいかなることであるのか。すなわち、疑いつつある、知解しつつある、肯定しつつある、否定しつつある、意志しつつある、意志しつつあるなき、なおまた想像しつつある、そして感覚しつつある事物である」（28［20－22］）。しかしまた、これはいかに解されるべきか。「思惟」の本性からは「想像」や「感覚」はきっぱりと排除されたのではなかったか。ところで、デカルトは「思惟」を定義して、「われわれがそれを無媒介的に意識しているというふうにしてわれわれのうちにあるところのものの全て」と規定し、「それであるから、意志の、知性の、想像の、および感覚の、作用の全ては思惟なのである」

と付言するとともに、「私は〈無媒介的に（immediate）〉という語を、思惟からその結果として生起するものを排除するために付け加えたのであって、たとえば有意運動はなるほど思惟を原理としてもってはいるが、そのものはしかし思惟ではないのである」、と説明している。[17] この定義と説明とにおいて重要なことは、思惟の働きを〈対象〉という仕方で――〈働き〉を、対象とのかかわりにおいて、いわば外から眺めるようにして――規定してはならない、ということである。意志、知性、想像、感覚は〈働き〉そのものとして捉えられるかぎり、「私の思惟から区別されるもの」であったり「私自身から分離されていると言われうるもの」であったりすることはけっしてない（29［03－04］）。たとえば、「私は想像する私と同じ私である」ということは、たとえ想像された事物（言うなら〈想像の対象〉）は先に想定されたようにまったく真でないとしても、しかし、「想像する力そのものは実際に存在し、そして私の思惟の部分をなしている」、という意味である（29［07－11］）。あるいはまた、「私は感覚する私と同じ私である」という場合でも、たとえ光を見、音を聞き、熱を感じるこれらのことは虚偽であるかもしれないが、光を見、音を聞き、熱を感じると「私に思われる」ということは確実であって虚偽ではありえない。これこそは本来、私において「感覚する」と呼ばれるところのものであって、このように厳密に解するなら、「感覚する」ことは「思惟する」こと以外の何ものでもないのである（29［11－18］）。かくして、意志、知性、想像、感覚は独り〈働き〉そのものとして捉えられて、〈意志すると思惟する〉、〈知解すると思惟する〉、〈想像すると思惟する〉、〈感覚すると思惟する〉と解されるなら、等しく「思惟」である。しかし、ここに言う「思惟」とは「思惟しつつある事物」である、ということを忘れてはならない。デカルトは、「思惟しつつある事物、言い換えるなら精神、すなわち霊魂、すなわち知性、すなわち理性である」と言ったとき、それらの名称によって、単に「能力（facultas）」のみを知解していたのではなく、「思惟する能力を具えている事物」を知解していた。したがってデカルトは、たとえば「知解しつつある事物」と「知性作用」とを同じものであるとは言っていないし、また「知解しつつある事物」と「知性」とについても、「知性」が「能力」と解されるのであるかぎり、それらが同じものだとは言わず、唯ただ、「知性」が「知解するところの事物そのもの」と解される場合にのみ、同じものだと言ったのである。[18] なぜなら、デカルトは「事物、言うなら実体（substantia）を、それに属さない全てのものから切り離して示すべく、できるかぎり単純で抽象的な言葉」（すなわち精神、霊魂、知性、理性といった言葉）を使用しようとしたからである。[19] たしかに、いかなる「働き、言うなら偶有性（actus, sive accidens）」も「それが内在する実体」なしには在ることはできない。しかし、われわれは実体そのものを、直接それ自身によって認識するのではなくて、当の実体が「若干の働きの基体（subjectum）」であるというそのことによってのみ認識するのである。そうとすれば、或る「働きないし偶有性」の「基体」としての「実体」をいかなる名称で呼び、そして当の名称の意味するものがいかなる「事物」であるかを吟味してみることは事理にかなったことである。[20] かくして、われわれが「思惟的（cogitativos）」と呼ぶ働きがあり（すなわち、知解する、意志する、想像する、感覚する、等がそれである）、これらの働きは全て「思惟、言うなら知覚、言うなら意識、という共通の根拠（ratio communis）」のもとに相互に合致している、ということに注目するとき、「これらの働きの内在する実体」をわれわれは「思惟しつつある事物」と呼ぶのであり、あるいは「精神」と呼んでもよいし、あるいはまた、当の実体を「物体的実体」と混同しさえせぬかぎり（というのも、「思惟的働き」は「物体的働き」といかなる類縁をももっていないからである）、他のいかなる名称ででも呼ぶことができるのである。[21] このように、「思惟しつつある事物」としての「思惟」とは、さまざまな思惟の働き（すなわち思惟の様態）の「基体」、言うなら「共通の根拠」、言うなら〈形相〉、としての〈働きそのもの〉を意味するのであって、そこからは一切の物体的要素が厳密に排除されるのである。

かくして、繰返すなら、思惟の働きを〈対象〉という仕方で規定してはならない。思惟の働きを、対象とのかかわりにおいて、いわば当の働きの外から眺めてはならない。さもないと、あの〈方法的懐疑〉は〈懐疑論者の懐疑〉に堕してしまう。そのとき、私は一切の対象を「想像を用いて思い描く」ことになる。言い換えるなら、私のさまざまな思惟の働きないし偶有性は、単なる「能力」として〈私なる基体〉から切り離されて、当の「私」は〈物体的な或るもの〉ともみなされうることになる。「思惟しつつある事物」としての「精神」「霊魂」「知性」「理性」等の各々は、心理学的に分類される「能力」を意味することになるのであって、これこそは〈通常受けいれられてきた〉言葉の意味である。そのような意味での「能力」は、さらに〈認識〉の観点から、〈対象に働きかける〉か〈対象から働きを受ける〉か、という二つの働きに大別されえよう。いわゆる〈能動〉としての知性と〈受動〉としての感性との区別である。そのような通常の理解が〈コギト〉においていかに「修正」されているかを、立ち入って検討してみなければならない。

「感覚」はわれわれに否応なく押しつけられるようにみえるところにその特徴がある。感覚は事物の真正の形を帯びているとか、また、外的事物は現象する通りに存在するものだとか、われわれはついつい判断してしまう[22]。これはわれわれが事物を感覚によって知覚するという場合、われわれの精神の外部に措定されたものとしての事物そのものに注目しているからである。つまり、感覚は精神の働きを〈外的対象〉というかたちで境界づけるところに成り立つ事態であって、そのようにして、精神は事物に〈無媒介的に触れる〉かのようにして、当の事物にいわば〈隷従してしまう〉わけである。言うなら、感覚においては精神は事物〈を語り明かす〉ことを断念することによって、当の事物〈について語る〉のである。精神の受動性を印象づける感覚においては、事物は〈存在する〉よりも〈現われる〉のであって、かくて〈現われ〉をその都度〈存在〉として語るところに、感覚的誤謬の源泉がある。

ところで、事物〈を語り明かすことの断念〉は、ほとんど同時に、当の事物〈を無視する〉ことにつながってしまう。〈現われ〉を〈存在〉として語るということは、精神の側からするならば、当の〈現われ〉に何ものかを付加し、かくて「複合する」ことを意味する。[23] この「複合」においてこそ「想像」ということが語られる。あたかも〈現われ〉に対して何ものをも付加せぬかのように、かくて当の「複合」を否定するかのように、当の〈現われ〉を直ちに〈存在〉として同定してしまう場合を「感覚」と呼ぶとすれば、「想像」においては当の「複合」が主題化されるのである。したがって、〈感覚する〉という場合には、感覚像としての〈現われ〉があたかも「外的対象によって描かれ、外的対象が現に在る」かのようにみえるのに対して、〈想像する〉という場合には、当の〈現われ〉が却って「精神によって描かれ」、「外的対象は現になく」、かくて「精神によっていわば窓が閉ざされている」かのようにみえる。[24] かくして、「想像」は事物の〈現われ〉に何ものかを付加することによって〈存在〉を語ろうとするとき、〈事物を自らが作為する〉、言うなら〈事物自体を無視する〉のである。そのかぎり、想像は〈悪しき複合としての虚構〉に他ならない。しかし、それが直ちに〈偽なる複合〉を意味するのではない。ただ、たとえ複合が真であるとしても、〈何故真であるのか〉を同時に語らぬのであって、その真理性は幸運な偶然の結果としか言えないのである。「感覚」が自らの〈複合的性格〉を否認しようとするのに対して、「想像」はそれを是認しようとするという点で感覚よりも優れた認識であるかにみえるが、しかし、当の〈是認〉は自らの根拠を見出せぬところの恣意的な是認でしかない。事物を自らが作為するようにして無視するということは、当の事物の存在をア・プリオリに措定することである。事物の側からの〈働きかけ〉を主題化することなく、それを当の事物の〈存在〉へと解消するようにして、代って〈精神の側の働きかけ〉を主観的に、言うなら恣意的に、語るのである。「感覚」は精神の受動性を通して事物への隷従を明かすのであるが、「想像」は精神の恣意性を通して、当の隷従を、それと気づかぬほどまでに、完全なものにするのである。

かくして、知性と感性をいかに用いるべきか、言うなら、厳密な意味での「思惟」とはいかなる働きであるか、ということが明らかとなる。すなわち、一切の〈対象の根拠なき措定〉を禁ずること、かくて一切の「複合」を排除すること、かくてまた、精神を一切の想像的事物から入念に遠ざけること（28［17－19］）、である。さらに言うなら、思惟の働きから一切の想像的形象を除去することによって、精神の能動と受動とを純粋なかたちで捉えることである。なぜなら、「想像」こそは〈事物への隷従〉による〈事物の複合〉を通して、受動と能動とを分離するようにして並行させる――重ね合せる――働きに他ならなかったからである[25]。能動と受動とを〈純粋なかたちで捉える〉とは、受動が同時に能動であうような相のもとで〈働き〉を捉えることである。通常の理解にあっては、受容性・受動性を以て特徴づけられる〈感性〉に対して、〈知性〉は自発性・能動性の能力とされるが、デカルトの懐疑は、知性的働きもまたその根本にあっては対象によって規定されているということ、かくて本質的に受動的であるということ、を明らかにした。知性的認識もまた懐疑を容れうるものとみなされるのは、当の認識が感覚や想像を混入させているということを示す事態に他ならなかったのである。別言すれば、意志を度外視して知性のみの相のもとでみられた自覚的な働きとは実は〈主観的〉なものにすぎない――主観の働きが対象という仕方で規定されることによって、当の働きが対自化されない――ということである。それゆえ懐疑は、知性の本質的な受動性をあばき出すと同時に、真の意味における〈知性の能動性〉を主題化せねばならなかったのである。かくして、〈受動という能動〉、〈働きを受けるという働き〉が〈コギト〉として語られたのであったが、そのようないわば〈純粋な能動〉のもとに、われわれは厳密な意味での〈意志〉を理解する。たしかに、懐疑は当初から自由な意志の決定によって導かれていた。しかし、そのような意志の〈能動性〉が純粋なかたちで捉えられるのは、懐疑が深められて知性の受動性が明らかにされたときなのである。それは或る作用に対する反作用や或る作用とは別の或る作用――さまざまな作用のなかの一作用――として理解されてはならない。そのような理解は、未だ意志を対象という仕方で規定している、ということを示すものに他ならない。純粋な能動とは受動の自覚、言うなら受動の無媒介的な反省なのである。

デカルトは「思惟すること」と「自らの思惟について反省すること」とを、「意識すること」という同じ一つの働きとみとめて、[26] そのような反省の〈無媒介性〉を主張した。それは、反省されるものの側からの働きを直接的に支持すること（つまり、〈反省される〉という〈働き〉を主題化すること）、そのようにして反省されるものを対象という仕方で規定しないこと、を意味した。

通常の、〈媒介的な〉反省は、反省するものと反省されるものとのあいだに時間的な経過を引入れる。われわれは「自らが思惟したと思惟する」ことはできても「自らが思惟すると思惟する」ことはできないように思う。もしできるとすれば、それは無限に繰返される手続きとなろう。[27] あたかも眼は自らを見ることのなく、手は自らを打つことのなく、足は自らを蹴ることのないように、知性も自らを無媒介的に知解することはないであろう。なぜなら、働き自体は自ら自身の外部にはありえないからである。[28]

右のような反論に対してデカルトは、独り「精神」のみが、いわば自らが自らの媒介となるようにして、自らの働き自体を自覚すると主張する。あたかも独楽《こま》が円を描いてまわる際の回転が、自ら自身に対して及ぼす作用である如くに、と。[29] かくしてデカルトは、知性の受動的な働きを純化してゆくことが、同時に必然的に、そのように純化する働きを要請するという事態のうちに、〈人間精神の本性〉を認めたのである。〈コギト〉のもとに開示されるこのような〈知性と意志との絶対的一致〉は、本来は「神」のみに留保される事態であるが、[30] 人間精神にあっても

「私が思惟しているかぎりにおいて」——〈時間としての瞬間〉毎に[31]——そのような事態に触れうるのである。「私は思惟する、ゆえに私は在る」という命題の真理は、われわれの推論によって得られた知識でもなければ、師の教育によって授けられた知識でもない。たとえ想像がわれわれの思惟のなかに執拗に介入してきて、この命題に形象をまとわせ、その明るさを減ずることがあるにもせよ、それでも当の命題はわれわれにとっては、神から直観的認識を受けとることができるというわれわれの魂の能力の証なのである。[32]

第三節　蜜蠟の比喩

かくして、感覚や想像のうちに厳密な意味での「思惟」の働きを捉えること、言い換えれば、「思惟」作用から一切の可感的想像的形象を除き去ることによって、知性が同時に意志であるような働きを明るみに出すこと、これが方法的懐疑を通して〈コギト〉を獲得することの意味であった。しかし、それでも現実には、私が一体何であるかを確実に知り尽くすことにはかなりの困難が伴うことを認めねばならない。なぜなら、「私の精神はさ迷い歩くことを好み、そして未だ真理の柵のうちに引き留められることには耐え切れない」（29［28－30］）からである。その像を思惟によって描き出すことができるような、感覚そのものによってじかに捉えることのできるような物体的事物の方が、「この何か知らぬが、想像力の支配下に入り来ぬ、私に属するもの」よりも、はるかに判明に認知せられると思われ、またそう考えざるをえないということは、別言すれば、疑わしくて、知られていないで、私には関係ないと私の認めるものの方が、真であるものよりも、認識されているものよりも、要するに私自身よりも、いっそう判明に私によって知られるということであって、これは奇異なことではあるが、しかし事実なのである（29

［20－28］）。しかし、それならそれでよい。われわれは今いちど精神の手綱をゆるめて（29［30］－30［01］）、この〈奇異な事実〉が何を意味するのかということを、具体的に検討してみよう。

そこで、われわれはここに「蜜蠟」の一片を取りあげて、それについての知覚を分析することにする。〈蜜蠟の一片〉を例にとるのは、それが「全てのもののうちでもっとも判明に把握されると普通には思われている事物、つまり、われわれが触れ、われわれが見る物体」（30［03－05］）の一つだからである。しかも、〈蜜蠟の一片〉というように、何か一つの物体を特殊的個別的なものとして考察するのである。物体一般を考察するという場合の如き一般的な知覚は、むしろいっそう不分明であるのが常だからである（30［05－07］）。

さて、この蜜蠟の一片は蜜蜂の巣から取り出してきたばかりで、蜜の味も花の香りすらもいくらか保っていて、色、形、大きさは明瞭であり、堅く、冷く、触れてみることができ、指でたたけば音を出すであろう。要するに、「或る物体が能うかぎり判明に認識されるために要求されると思われるところの全てが、そこには現存している」のである（30［07－15］）。しかし、そのように言いながらも、その蜜蠟を火に近づけると、味は除かれ、香りは消え、色は変じ、形は崩れ、大きさは増し、液体となり、熱くなり、触れることがむずかしくなり、そして打っても音をたてないであろう。「それでもなお同じ蜜蠟が残っている」と認めなければならない（30［15－20］）。すなわち、「蜜蠟そのものは、けっして、あの蜜の甘さでも、花の香りでも、あの白さでも、形でも、音でもなくて、少し前にはあのように、今はしかしこのように、私に現われるところの物体」（30［26－30］）なのである、と認めなければならない。そうだとすれば、私が今そのように想像するところの物体とは厳密な意味においては何なのか。「何か或る、延長を有する、屈曲し易い、変化し易いもの」（31［02－03］）としか言う他はあるまい。しかしそれは、この蜜蠟が形や大きさに関して容れうる無数の変化を私が「想像する」ところのもの、という意味であろうか。けっしてそうではない。それというのも、無数の変化を容れうるものと「(全体的に)把握する(comprehendere)」ことはできても、当の無数の変化そのものを「想像することによって通覧する(imaginando percurrere)」ことはできないからである。それは私が「想像することによって包括した(imaginando complexus)」ところよりももっと多くの変化を容れうるものなのである(31 [03−16])。そうだとすれば、「私はこの蜜蠟の何たるかを、想像するというわけではさらになく、独り精神のみによって知覚する、ということを承認する他はないのである」(31 [16−18])。しかも、このことは、その知覚に感覚や想像が強く介入してくる、「個別的な蜜蠟」についてすら言えるのである。その知覚において感覚や想像の介入がより後退する「蜜蠟一般」については、そのことはさらに明瞭である(31 [18−19])。しかしながら、精神によってしか捉えることのできないこの蜜蠟とは一体いかなるものであるのか。それは確かに「私が見、私が触れ、私が想像するところの蜜蠟と同じもの、当初から蜜蠟であると私が思いなしていたのと同じもの」である。しかし、当の蜜蠟を知覚する働き自体は、視覚の作用でも触覚の作用でも想像の作用でもなく、「独り精神のみによる洞見(solius mentis inspectio)」なのである(31 [19−25])。

右の分析において重要な点は、蜜蠟が容れうる無数の変化そのものを想像によっては「通覧する」ことができない、ということである。変化が無数に可能であるということは、いかなる変化のもとにも更なる変化を思惟しうるということであって、常にすでに〈未だ変化していない或る部分〉を予想させる――言うなら、変化は〈無際限〉である――。そのようにして、〈予想されるにすぎない未変化の部分〉の実在性を積極的に肯定するなら、変化の背後に在ってそれを支えるような〈不変なるもの〉を措定することになる。これは、蜜蠟の無数の変化の全てを「同時に包括する」ことによって当の蜜蠟を「不分明に想像し」ながら、[33]〈変化〉という運動を〈対象〉という仕方で規定する事態に他ならず、そのようにして、想像という働きの外部に措定されたものとしての蜜蠟という事物そのものが注目されることになるのである。つまり、〈無際限の〉変化を捉える「想像」の働きは、無際限なるがゆえにむしろ〈有限〉として境界づけられ、そのように有限化される働きに代って、蜜蠟そのものの実在性が〈不変なるもの〉として——言うなら、〈無限〉なるものとして——措定されるのである。「それでもなお同じ蜜蠟が残っている」(30 [25]) という条りをこのような意味に解してはならない。[34] 変化の〈無際限〉ということは、単に〈有限〉と解されてはならない。デカルトによれば、「無際限（indefinitus）」とは「或る視点のもとではいかなる終局（finis）も見出せぬもの」について言われ、これに対して「無限（infinitus）」とは、そのように単に消極的な意味で「限界（limes）を認めぬ」というだけでなく、「積極的な意味でいかなる限界もないと知解される」場合を言う。[35] したがって、「或る視点」が斥けられるかぎり、「無際限」は「無限」とすでに重なりあっているわけである。[36] 無数の変化の全てを「同時に包括する」場合は常に「或る視点のもとで」行われるのであるが、それを「通覧する」という場合は、「或る視点」が取られる度毎に同時にそれが斥けられているのである。したがって、あの「精神による洞見」は「それを成り立たしめているところのものへと向ける私の注意の程度の多いか少ないかに応じて、以前そうであったように不完全で不分明であったり、現在そうであるように明晰かつ判明であったりすることがありうる」(31 [25–28]、傍点引用者) わけである。かくして、「精神による洞見」においては、「想像」のうちに「思惟」の働きを見出すこと、言うなら「思惟」を「想像」から純化すること、以て独り「思惟」のみを知性の積極的な働きとして捉えること、が問題だったのである。

　しかし一方で私は、いかに私の精神が誤り易いものであるかに、驚く他はない。なぜなら、私は右に述べたような事柄を、心のなかで黙ったまま口に出さずに考察するのであるにもかかわらず、やはり言葉そのものにとらわれて日常の話し方に欺かれてしまうからである。すなわち、われわれは、蜜蠟がそこに在るとき、「蜜蠟そのものを見る」と言ってしまうのであって、「色あるいは形より推して蜜蠟がそこに在ると判断する」とは言わない（31［29］－32［04］）。まるで、知性の外部に無媒介的に措定されているものとしての蜜蠟に注目しているかのようである。そのようにして、われわれは、蜜蠟は「眼の見る働き」によって認識されるのであって、「独り精神のみによる洞見」によって認識されるのではない、とすぐにも結論してしまうのである（32［04－06］）。たとえば、たまたま私は今、通りを行く人々の姿が窓ごしに眼に映ったとする。そのとき私は、蜜蠟の場合と同じく習慣によって、「人間そのものを見る」と言う。しかし、「私が見るのは帽子と衣服だけであって、その下には自動機械が隠れているのかもしれない」ではないか。しかし、「私はそれが人間であると判断する」。そうだとすれば、「自動機械」が隠れているのかもしれないところに〈真の人間〉がいると判断するこの〈私の判断〉は、「眼の見る働き」によるのではなく、「独り精神のみによる洞見」によるのである、と結論されねばならぬのである（32［06－12］）。かくして、蜜蠟の知覚に話を戻すなら、まず蜜蠟に目をとめて、これを「外部感覚」そのものによって、あるいは少なくとも「共通感覚」言うなら「想像的な力能」によって、認識すると信ずる（32［17－19］）ことくらいなら、「どんな動物にすら」可能であったろう（32［23－24］）。しかるに今、「私が蜜蠟をその外的形姿から区別して（distinguere）、いわば衣服を脱がせてその赤裸のままを考察する場合には、たとえ未だ私の判断のうちに誤謬が存しうるにしても、私は実際、人間精神なしには、このように蜜蠟を知覚することはできないのである」（32［24－28］）。

ところで、「思惟」を「想像」から純化し、可感的想像的形象を除去するということは、それら形象の〈捨象〉を意味するのではなかった。「精神による洞見」が語られる際には、「私が見、私が触れ、私が想像するところの蜜蠟と同じもの」（31［20－21］）がなお残っているのであった。そうだとすれば、〈除去されるべき可感的想像的形象〉とはいかなる役割を果しているのであろうか。

ガッサンディは右に引用した「蜜蠟をその外的形姿から区別して考察する」という条りを「抽象する（abstrahere)」作用——つまり、一を他なしに考察すること——と解釈して、デカルトに反対した。[37] すなわち、蜜蠟の概念ないし蜜蠟の実体の概念がその偶有性の概念から抽出されうるということは真であるにせよ、そうだからといって、蜜蠟の実体あるいはその本性が判明に把握されるというわけではない。たしかに、偶有性の基体となる何ものかの存在することを把握するにしても、しかし、それが何であり、それがいかなる本性のものであるかは知られないのである。それゆえ、偶有性を捨象したあとに残る「この何かわからない或るものについての精神による洞見」が蜜蠟の明晰かつ判明な認識を構成するのではない。そうではなく、「蜜蠟に起りうるかぎりの一切の偶有性や変様についての感覚による洞見（inspectio per sensus）こそが、蜜蠟の明晰かつ判明な認識であることを証拠立てている」のである。[38] 以上の如きガッサンディの反論に認められる特徴は、働きを対象という仕方で規定する、という考え方である。われわれはすでに、この考え方に二種を区別しうることをみた。「感覚」と「想像」である。ガッサンディもまたこの二種を語ってみせたのである。〈実体を偶有性から抽象する〉ということは、偶有性が実体のうちにいかに還元されるかを示してみせることであり、そのようにしてわれわれは、実体を無媒介的に把握すると思う。これが感覚的認識の在り方である。他方、実体をいわば無視するかのように前提し、もっぱら偶有性に注目する場合には、実体が偶有性のうちにいかに還元されるかを示してみせるわけであって、それは実体を複合的に捉える想像的認識の在り方を示している。それゆえ、「感覚による洞見」とは実は〈想像による洞見〉と言われるべきであった。感覚にせよ想像にせよ、そこでは対象的存在を前提したうえで〈働き〉が語られることに変わりはないのであるが、その前提される存在が自体的には捉えられぬとされるかぎり、経験的認識の基礎は感覚よりも想像にあると考えられている。このことはガッサンディが、「知性のうちに在るものはいかなるものも、感覚のうちに前以て在ったのでなければばならない」という格率を真とみなすとともに、認識は独り「衝突（incursio）」によってのみ生ずるのではないとすれば、「類比、合成、分割、拡大、縮小」等々の操作によって仕上げられる、と付言するところからも明らかなのである。[39]

右の如きガッサンディの主張に対して、デカルトは蜜蠟の概念に関する「抽象」の操作を否定し、「私は蜜蠟の実体がその偶有性によってどういうふうに顕わにされるか、また蜜蠟の反省的かつ判明な知覚が……通常の不分明な知覚とどのように異なるか、を示したいと思った」と答える。[40] さらにまた、「区別する」ということのもとに「抽象する」ということを理解してはならぬと注意して、次のように説明する。実体をその偶有性から「区別する」場合には実体と偶有性との双方を考察せねばならぬのであって、これは実体の認識に大いに役立つ。しかるに、当の実体をその偶有性から単に「抽象する」という場合には、偶有性を考えることなく実体のみを分離して考察するのであるが、しかし偶有性によってこそ実体の本性は明白となるのであるから、「抽象」は実体の認識にとって大いに妨げになる、と。[41]

かくして、〈偶有性を通して〉実体を知覚すること、実体と偶有性とを「区別」しつつも実体と偶有性の〈双方を同時に考察する〉こと、このことがいかなる事態であるかを理解するためには、「偶有性」をいかに把握するかということが重要となる。デカルトは或る『答弁』のなかで、偶有性の形相は、実体そのものが有するのではなく、或る実体が別の実体に「偶性的に生起する（accidere）」その「生起の仕方（modus）」にのみ存するということ、かくてたとえば、衣服が人間に「偶性的に生起する〔たまたま貼りつく〕」という場合に、偶有性といわれるのは、衣服そのものではなくて、単に「着られているということ」のみである、ということを語っている。[42] したがって、

「衣服」は「衣服をまとった人間に関係させられる」かぎりでのみ「性質」といわれるのであって(43)、もし衣服を人間から〈引き離す〉——抽〔捨〕象する——なら、あたかも〈赤裸のままの〉人間を見ているかのように、実は衣服そのものを見る——衣服を実体とみなす——ことになる。偶有性は実体に還元されるかのように、実は実体が偶有性に還元され、かくて偶有性が「実在的」とみなされるのである。「感覚の知覚」を説明しようとする場合にはしばしばそのような混同が犯される(44)——正確に言えば、あたかも「感覚の知覚」が果されるかのように、実は〈想像の知覚〉が語られる——のであるが、当の混同は明らかに、偶有性を〈様態（modus）〉として真実支持しないことに起因する。「衣服」はむしろ「着られているということ」とみなされることによって初めて、「人間」とは区別されながらも「人間」と同時に考察されうる(45)。そのようにして、実体は偶有性とともに考察されて初めて、〈赤裸のままに〉見られることが可能となる(46)。実際、実体を偶有性から「抽象する」ということは不可能なことであって、それというのも、たとえさまざまな偶有性の各々が実体から取り除かれることを認めるとしても、常に別の偶有性がその代わりに継起し、そのようにして、実体から偶有性がなくなるということはけっして起りえないのである(47)。

偶有性を〈様態〉として支持するということは、多様な偶有性の継起、あるいは或る偶有性の多様な継起を「通覧する」ということである。通覧するに際しては必然的に「一つの共通の視点〔根拠〕（una communis ratio）(48)」を要求する。それは、偶有性の継起をその都度「包括」して抽象的に一般化する（そのようにして、個々の偶有性の固有性を支持せずに、或る特権的な偶有性を以て他の偶有性を代表させる）ような視点を意味するのではない。抽象的に一般化する視点は偶有性の背後に事物を想定し、以て偶有性自体をも事物と規定してしまうものである。たとえば、〈冷たさ〉や〈固さ〉の知覚を〈冷たい事物〉や〈固い事物〉の知覚と解することは、〈冷たさ〉や〈固さ〉を抽象的に一般化して、これを事物を眺める視点とするものである（つまり、〈冷たい事物〉や〈固い事物〉のもとに〈冷たさ一般〉や〈固さ一般〉を理解することである）。そのようにして、同じ冷たさ、同じ固さが持続ないし継起するとみなす。このような考え方は、言うまでもなく、等質的な時間の流れとしての抽象的な持続一般という観念に支えられているのである。

これに対して、「通覧する」に際して要求される視点とは、偶有性の継起の各々を悉く支持するような〈唯一の様態〉の如きものである。継起する偶有性としての〈様態〉はこの〈唯一の様態〉に対していわば部分の全体に対するような関係にあるが、その部分は各々が唯一の全体を表わす（つまり、各々が固有性を具えている）のである。部分の各々は等質的な要素的部分ではなく、その全てが相互に別個のものである。かくして、偶有性としての様態は〈事物の様態〉であるとともに、〈唯一の様態〉の様態でもある。この〈唯一の様態〉としての「一つの共通の視点」が〈コギト〉なる「思惟」として確立されたことは言うまでもない。かくして、実体の様態は同時に思惟の様態でもあって、両者は別個のものででもあるかのように分離されてはならない。蜜蠟のうちにさまざまな性質としての様態を区別するということは、同時に精神のうちにそれと同じだけの様態——当のさまざまな性質を認識する力——をも認めることとなのである。[49] そうだとすれば、「この蜜蠟をかくも判明に知覚すると思われる（videor）〔と思惟する〕私」、「この私は〔蜜蠟よりも〕私自身を単にはるかにいっそう真に、はるかにいっそう確実に認識するばかりでなく、なおまたはるかにいっそう判明に、いっそう明証的に認識する」（33［03－06］）、と言われねばならないことになる。なぜなら、「もし私が蜜蠟を見るということから、蜜蠟が存在すると判断するのであれば、たしかにはるかにいっそう明証的に、私がそれを見るということそのことから、私自身がまた存在するということが結果する」（33［06－09］、傍点引用者）からである。たしかに、この私の見るものが実は蜜蠟ではないということがあるかもしれない、また私が何らかのものを見る眼を全然もっていないということもあるかもしれない。しかし、「私が見る」ということそのことからは、同じことであるが、「私は見ると私が思惟する」ということからは、「思惟しつつある私自身が或るものでない」などということは、まったく起りえぬことなのである（33［09－14］）。視覚に関する右のような事態は触覚や想像に関しても同じことが言える。それればかりではない。もし蜜蠟の知覚が視覚や触覚によってのみでなく、さらに多くの原因からも私に明瞭になったのち、いっそう判明なものとなったとするならば、今や私自身も私によっていよいよ判明に認識されるのだと言われねばならない。それというのも、「蜜蠟の知覚に、あるいは何か他の物体の知覚に、寄与するいかなる根拠も、全てそれらは私の精神の本性をいっそうよく証明せずにはおかないはずだ」からである（33［19－26］）。しかし、なおその他に、精神そのもののうちには精神についての知を判明ならしめるものが多々存するのであるから、物体から精神に推し及ぼされるものの如きは、ほとんど数えるにあたらないと思われる（33［26－29］）。かくして、われわれは自ずと最初の結論に戻ってくる。すなわち、物体ですら本来は、感覚あるいは想像の能力によって把握されるのではなく、独り知性によってのみ知覚されるのだ、ということが今やわれわれに知られたのであるから、われわれは人間的精神以上にいっそう容易にまたいっそう明証的に知覚されるものはない、と結論づけねばならないのである（33［30］－34［06］）。

ところで、実体の知覚に際しては、独り人間的精神のみは不可欠であるとしても、当の知覚の判断にはなお誤謬の存する可能性があった。「もし私が蜜蠟を見るということから、蜜蠟が存在すると判断するのであれば、たしかにいっそう明証的に、私がそれを見るということそのことから、私自身がまた存在するということが結果する」（33［06－09］）のであるが、しかし、「私の見ているものが本当は蜜蠟でないこともありうる」（33［09－10］）のであった。われわれは「蜜蠟そのものを見る」（32［02－03］）のではない、「色あるいは形より推して蜜蠟がそこに在ると判断する」〔32［03－04］〕のであった。知性の外部に無媒介的に措定されているものとしての蜜蠟に注目しているのではない。偶有性〔様態〕を通して、かくて偶有性と区別される、赤裸のままの蜜蠟を、〈コギト〉のもとに措定するのである。知性の内部に、「思惟」の相のもとに、対象を措定することが重要なのであって、一切の対象の根拠なき措定は禁じられるのである。かくして、知性の内部なる実体と外部なる実体とがいかなる関係にあるかということが、厳密な意味での〈判断〉の問題となる。「思惟」のもとでは〈判断〉は未だ予想されているにすぎないのである。

III　第三省察「神について、神は存在するということ」

第一節　〈コギト〉と明晰判明知の規則

感覚や想像のうちに厳密な意味での「思惟」の働きを捉えること、言い換えれば、「思惟」作用から一切の可感的想像的形象を除き去ることによって、知性が同時に意志であるような働きを明るみに出すこと、これが「第一、第二省察」のなかで語られた方法的懐疑を通して〈コギト〉を獲得することの意味であった。しかし、〈可感的想像的形象を除き去る〉とひとくちに言っても、習慣となった意見はそれほど速かに拭い去ることはできないものであるから、ここで私は立ち止まり、長い時間を省察に捧げて、獲得した新しい知見を私の記憶のうちにいっそう深く刻みつけるのが適当であろう（34［06－09］）。デカルトはそのように述べながら、自らに語りかけることによって自己をいっそう深く掘りさげ、かくて「私自身を少しずつ私にいっそう知られたもの、いっそう親しいものにすることに努める」のである（34［16－18］）。そこで、「私は思惟しつつある事物である」ということを再度確認する。すなわち、「私は疑いつつある、肯定しつつある、否定しつつある、わずかなことを知解しつつある、多くのことを知りつつあるなき、意志しつつある、意志しつつあるなき、なおまた想像しつつある、感覚しつつある事物である」。それというのも、先に私の気づいた如く、たとえば感覚や想像の示す対象はおそらくは偽である（つまり、私の外においては無である）にしても、「感覚および想像と私が称するあの思惟の仕方」は、それらが「唯ただ思惟の或る仕方であるかぎりにおいては、私のうちに在る」、と私は確信しているからである（34［18］－35［02］）。ところで、そのように「私は思惟しつつある事物である」ということを確信しているのであるとすれば、「私は、或る事柄について確信をいだくために必要な条件をもまた、知っているのではあるまいか」（35［06－08］）。このように自問しながら、デカルトは、「私は思惟しつつある事物である」という「この第一の認識のうちには、私が肯定する事柄についての明晰かつ判明な或る種の知覚以外の何ものも存しない」、ということを確認し、かくて「私がきわめて明晰にきわめて判明に知覚するものは全て真である、ということを一般的な規則として立てることができるように思われる」、と結論づける（35［08－15］）。かくして、いわゆる〈明晰判明知の規則〉と呼ばれるものがここに初めて導き出されるのである。

しかしながら、この「一般的な規則」は〈方法的懐疑〉と表裏一体を成すものであって、いわゆる〈懐疑の克服〉を意味するのではない。実際、デカルトはこの「規則」を導いた直後において、むしろ、この「規則」の文字通りの適用を抑止している。すなわち、まず第一に、私が感覚によって捉えた一切のものは、「以前はまったく確実で明白なもの」として認めていたのであったが、「後になって疑わしいものである」ことがわかった。それらのものについては、何を明晰に知覚していたのかといえば、そのような事物の観念そのもの、言うなら思惟そのものが私の精神に現われている、ということのみである。そして、そのようにそれらの観念が私のうちに在る、ということについてなら今でも否認するつもりはない（35［16－23］）。ついで第二に、右に述べた「事物の観念」に関しては、「私の外部にそのような観念を送り出した或る種の事物が在って、当の観念はそれらの事物にまったく相似ている」と判断していたのであったが、そのような判断は単に「信ずる習慣によって」明晰に知覚すると思いこんでいたのにすぎず、「私のうちなる知覚の力」によって生じた明晰判明知ではなかった、ということである（35［23－29］）。最後に第三に、「算術あるいは幾何に関することで何か単純で容易なこと、たとえば二と三を加えると五であること、あるいはこれに類すること」を考察していたときには、私はそれらを「真であると肯定することができるように十分に明瞭に直観した」のであったが、後になって、神の如き全能者ならばこの上なく明白であると思われる事柄においてさえ欺かれるような本性を、私に賦与したかもしれないという考えが私の心に浮んだために、そのことに思いを馳せる度毎に、「もし神が欲しさえすれば、私が精神の眼できわめて明証的に直観すると思うことにおいてすら、私が誤るようにするのは神にとって容易である、と告白せざるをえない」、ということである（35［30］－36［12］）。しかしながら、明証性の各次元への右のような「懐疑」を通して、デカルトはいわば特権的な明証知である〈コギト〉を確立したのであった。「できる者は誰でも私を欺くがよい、しかし、私は私が或るものであると思惟するであろう間は、彼は私が無であるようにすることはけっしてできないであろう」（36［15－17］）、と。この「私は思惟しつつある事物である」という特権的な明証知への反省から、あの「一般的な規則」は導出されたのであった。かくして、〈コギト〉が現実に働いているかぎり、「私は、私がきわめて明晰に知覚すると信じるものそのものに私を向ける度毎に、私はそれによってまったく説得されてしまう」（36［12－14］）のである。すなわち、「私は在るということが現に今真であるからには、私はけっして在らなくなったのだということをいつか真であるようにするわけにはゆくまい」（36［17－18］）、あるいはまた、「二と三とを加えたものを五よりも大きくしたり小さくしたりすることはけっしてできない」（36［19－20］）等々。しかし重要なことは、このような明証知に対する確信は、あくまでも〈コギト〉の現実の働きのもとでの確信であって、その確信内容は〈コギト〉のその都度の働きを離れて主張できるものではない[1]、ということである。その確信内容はあくまで心理的次元における事実上の事柄であって、それを超えて論理的次元で主張できる権利上の事柄ではない。言い換えるなら、〈コギト〉の明証知以外の現前の明証知の内容については、それは精神がその方に注意を向けるかぎりでは同意せざるをえないものであるとはいえ、〈欺く神〉を想定する形而上学的次元からすれば、精神は現前の明証知そのものにおいてもなお誤るような本性のものとみなされるのである。それは〈コギト〉自身についての確信とは異なって、たとえ精神によって明証的に把握されているとはいえ、精神にとって他律的な要素を含んでいるのであって、そのかぎり〈欺く神〉の介入を容れうるのである。(2) 右に〈精神にとって他律的な要素を含む〉と述べたのは、後に検討するように、〈私は在るということが現に今真である以上、私はけっして存在しなかったのだということをいつか真であるとするわけにはゆかない〉という明証知については、時間あるいは持続の本性の考察を要するし、また〈2＋3＝5〉なる明証知については矛盾律の客観的妥当性の考察を要するからである。いずれにせよ、あの「一般的な規則」はあくまでも〈コギト〉の現実の働きのもとで確信される、いわば暫定的な規則なのである。それゆえ、デカルトは「一般的な規則として立てることができるように思われる（videor）」（35［14］、傍点引用者）と表現したのであり、また他所では、(3) 当の「規則」は「証明」を要する、と明言するのである。したがって、「第四省察」において「証明」されて確立される、言うなら〈欺かぬ神〉によって保証される〈明晰判明知の規則〉と、この「第三省察」で語られる「一般的な規則」とは、たとえ同じ機能を果しうるものであるとしても、身分を異にするものとして（すなわち、一方は〈欺く神〉の介入を容れうるものであり、他方は〈欺かぬ神〉によって保証されるものとして）区別されねばならない。したがってまた、そのように区別されるかぎり、特にアルノーによって指摘されたいわゆる〈デカルトの循環〉(4)――すなわち、〈明晰判明知は真である〉という確信に依拠して神の存在を証明し、その〈神の存在〉に依拠して〈明晰判明知の規則〉を保証する、という循環――という問題も生じないのである。デカルトはこの「循環」の問題を、〈実際に明晰に知覚するものを、以前に明晰に知覚したと想起するものから、区別する〉ということによって説明し、アルノーに対して次のように答えている。すなわち、「最初にわれわれにとって神の存在することが確定的となるのは、それを証明する論拠にわれわれが注意を向けるからなのですが、その後ではしかし、われわれが或る事物を明晰に知覚したと想起するということを以てすれば、その事物が真であるとわれわれが確信するにはそれで十分なのであります。とはいえ、そのことは、神は在り、そして欺かぬ、ということをわれわれが知らないとしたならば、十分であるということにはならないでしょう」、と。(5) デカルトは別の『答弁』(6)のなかでも、〈神の存在による保証〉が必要なのは、〈コギト〉のような、いわば特権的な明証知に対してではなく、〈われわれがそこから結論を導き出したところの諸々の理由あるいは根拠に十分に注意を向けないときにも、その結論の記憶は舞い戻りうるといった、そのような結論の知識〉に対してだけである、と述べている。ここで問題にされている「記憶」こそは、先に述べた〈精神にとっての他律的な要素〉を語るものであって、それは〈時間の本性〉、延いては〈矛盾律の客観的妥当性〉の考察を促すものなのである。繰返し述べるなら、重要なことは〈コギト〉の明証知が〈特権的〉であるということ、言い換えるなら、厳密な意味での「思惟」のもとには〈知性が同時に意志であるような働き〉が理解されるべきこと、である。そのようにして、〈コギト〉は潜在的には(言うなら、〈コギト〉のその都度の瞬間においては)すでに神の存在証明に到達しているのである。(7) 神の存在証明が依拠するのは、〈コギト〉の明証知であって、「一般的な規則」ではない。〈コギト〉による神の存在証明は、現に今は潜在的(言うなら瞬間的)であって、それゆえあの「一般的な規則」はいわば暫定的に表明されたのである。かくて、当の「一般的な規則」は、全ての明晰判明な知覚がその都度「神は在るかどうか、そして在るとするならば、欺瞞者でありうるかどうか」(36 [27-28])の吟味を要請する、ということを含意しているのである。

第二節　思惟と観念

かくして、〈コギト〉なる明証知が潜在的に到達している神の存在証明をいかに顕在化するかということが問題になる。そのためには、現に今確実に手にしうるのは独り〈コギト〉の働きのみなのであるから、その厳密な意味での「思惟」に反省を加えることによって、そこから〈コギト〉の主観的世界を脱して客観的世界へ通ずる手掛りを獲得しなければならない。デカルトは、「まず私の一切の思惟を一定の類に区分し、そしてこの類のうち一体いずれに真理または虚偽は本来存するのかを探求する」(36〔30〕−37〔03〕)ことから始める。そこで、「思惟」は「観念(idea)」と、「意志(voluntas)」あるいは「感情(affectus)」および「判断(judicium)」とに大別される。まず「観念」であるが、それは「いわば事物の像(tanquam rerum imagines)」であって、たとえば、人間とかキマイラとか天とか天使とか神とかをわれわれが思惟しているという場合がそれである(37〔03−06〕)。「いわば像」であって〈端的に像〉というのではない。何であれ事物を思惟する際の〈働き〉そのものの〈完成態〉としての思惟が問題なのであって、当の思惟を事物という仕方で規定する——思惟が事物を外的対象として志向する——ことが問題なのではない[8]。かくて「観念」を定義するなら、「任意の思惟の形相(forma)、そのような形相の無媒介的な知覚によって当の思惟そのものを私は意識するわけであるが、そういう思惟の形相」ということになる。かくてまた、「独り表像(phantasia)のうちに描かれた像をのみ観念と呼ぶのではない。それどころか、そのようなものを、それが身体的な表像のうちにある——言い換えるなら、脳の或る部分のうちに描かれている——というかぎりにおいては、観念とは呼ばないのであって、ただそれが脳のその部分へと振り向けられた精神そのものを象る〔精神そのものに形相を付与する〕(mentem ipsam informant) かぎりにおいてのみ、観念と呼ぶ」のである。(9) さらに言うなら、あたかも神においてはいかなる「表像」も認められないにもかかわらず、この「観念」という名称が「神的精神による知解の形相」を意味するのに用い慣らされてきた如く、「観念」のもとには「精神によって無媒介的に知解されるものの全て」が理解されるのである。(10)

思惟がとりわけ「思惟の形相」として「観念」と称されるのは、「任意の」思惟について考察がなされるからである。単に〈思惟の働きの完成態〉というだけであれば、〈コギト〉として見出された思惟こそは、それが知性と意志との絶対的一致という事態を意味するがゆえに、「思惟の形相」と称されるにふさわしかった。ただし、それはあらゆる任意の思惟を通覧するような、唯一の思惟の形相としてである。したがって、厳密な意味での「観念」のもとでは、そのような〈コギト〉としての〈唯一の思惟〉の地平を離れて、かくてあたかも知性と意志とが分離されているかのように、任意の思惟においてそれらの絶対的一致が改めて語られる――言うなら、観念を形成する知性の受動性を意志のもとに能動化することが問題となる――のである。

つぎに、「意志あるいは感情」および「判断」であるが、それらは「いわば事物の像」であるということに加えて、さらに別の或る形相を有している。たとえば、欲するとか恐れるとか肯定するとか否定するという場合がそれであって、その際には、単に何らかの事物を思惟しているというだけでなく、さらに「それらの事物の似姿以上の何ものかを思惟によって包括している」のである(37[06−12])。この「事物の似姿以上の何ものか」――言うなら、対象の「いわば像」についての意識――のもとには、あらゆる形態の意志を理解すべきであろう。(11) われわれが何らかの事物を思惟するとき、当の思惟は精神をして思惟することへ向かわせる意志の働きに依存する場合があるのである。たしかに、私は何ものを欲しあるいは恐れるにせよ、同時に、私が欲しあるいは恐れるということを知覚しているから、この欲求と恐怖とは「観念」に数えいれることができる。[12] したがって、思惟の働きと意志の働きとは同じ事柄ということになる。[13] しかしそれにもかかわらず、思惟は常に意志を伴うわけではなく、[14] かくて思惟と意志とは分離可能なのである。[15] 「観念」に付加されて「別の或る形相」が語られるという場合には、知性の働きについての意識として、知性の〈受動〉に対する何らかの〈能動〉としての意志の働きが明かされるのである。むろん、ここに言う〈意志〉は思惟の様態としての意志、〈任意の〉意志であって、あの〈コギト〉において規定された意志、知性と絶対的に一致するかぎりでの意志ではない。知性と意志とは分離可能なものとして、別個に把握されるのが通常であって、そのかぎり知性の受動と意志の能動とは相関的な概念でしかない。知性は受動的に働くように、意志は能動的に働くのである。このような意志の諸形態は、それが単に〈欲求の変状〉として考察される場合には、すなわち、欲求がいわば盲目的に働く場合には「感情」として現われ、欲求が盲目的ではないにせよ知性の働きを無視するようにして働く場合には「意志」として現われるのであるが、他方、意志が積極的に〈作用〉として考察される場合には「判断」として現われるのである。[16]

　ところで、これらの思惟のうち、「観念」に関しては、それが「独りそれ自身においてのみみられ」――つまり「思惟様態」としてのみみられ――、他の何ものかに関係づけるようなことをしないかぎり、本来偽なるものではありえない。なぜなら、たとえば私が山羊を想像しようとキマイラを想像しようと、「私が想像する」ということ自体は、どちらの場合でも等しく真であるからである（37［13－17］）。他の思惟である「意志」や「感情」についても或る側面からみれば同様のことが言われうる。というのも、たとえば、私はいかに邪悪なことを願望するかもしれないとはいえ、それだからといって「私がそれを願望する」ということは真でなくはないからである（37

［17―20］)。しかし、他の側面からみる場合には、つまり、とりわけ意志が積極的に〈作用〉として考察されるところに成り立つ「判断」に関してだけは、誤ることのないように十分に注意しなければならない。その「判断」において きわめてしばしばみられる主要な虚偽はといえば、「私のうちにある観念が私の外に存する何らかの事物に類似している、言うなら符号している」、とみなすことに存する（37［22－25］）からである。実際、もし私が「観念」そのものを「私の思惟の或る一定の様態」として考察し、何か他のものに関係させさえしなかったならば、当の「観念」は私に何らの「誤謬の材料」をも与えることは「ほとんどありえない」ことなのである（37［25－28］）。ここでデカルトが「ほとんどありえない」と述べるのは、後に考察する「質料的虚偽」（43［29］）のことを念頭に置いているからである。すなわち、私が観念を私の外のいかなる事物にも関係づけないとしても、「私は観念の本性そのものにおいて誤ることがありうる」のである。(17)

かくして、私の外部に何らかの事物が存在するか否かを尋ねて、真の意味での「判断」とはいかなる事態であるかを吟味するために、改めて「観念」の本性を反省してみなければならなくなる。そこで、デカルトはまず観念を三種類に分類することから始める。それらは「生得観念（ideae innatae）」、「外来観念（ideae adventitiae）」、「作為観念（ideae factae）」の三種である（37［29］－38［01］）。第一のものは、たとえば、事物とは何であるか、真理とは何であるか、思惟とは何であるか、ということを知解する場合のように、当の知解を「私の本性そのものから汲みとる」と思われるところに生まれる（38［01－04］）。第二のものは、騒音を聞いたり、太陽を見たり、熱を感じたりする場合のように、その感覚が「何か私の外に横たわる事物から出来する」と思われるところに生まれる（38［04－06］）。そして第三のものは、セイレネスやヒポグリプス、その他これに類するものの場合のように、「私自身によって仮構される」と思われるところに生まれる（38［06－07］）。とはいえ、今のところは〈生まれると思われる〉と言えるだけであって、私は「観念の真の起源」を明晰に見きわめたわけではないのであるから、全ての観念は生得的なものであるとも外来的なものであるとも作為的なものであるとも考えることができるのである（38［08－10］）。しかし、生得観念と作為観念とはその本性上〈何か私の外に存在する事物〉についての判断に直接かかわるわけではないから、今は問題にする必要はないであろう。残る外来観念だけは、「いわば私の外に存在する事物から取ってこられたものと私のみなすところの観念」であって、これに関しては、当の観念が外物に類似していると私が考えるに到ったのはいかなる理由によってであるかを、探求してみなければならない（38［11－14］）。そのような理由の第一は、「そのように私が自然によって教えられたように思われる」ということ、第二は、「それらの観念は私の意志に、したがってまた私自身に、依存してはいないということを経験する」ということである（38［14－16］）。特に理由の後者に関して補足説明をするなら、たとえば、「私が欲すると欲しないとにかかわらず熱を感ずる」という場合には、そのように「私の意に反してさえ現われる」熱の観念が、私とは別のものであるところの、私の傍にある火の熱から私にやって来る、と思われるのであるが、かくして私は、当の火の熱が他の何ものでもなくむしろ自己の似姿を私のうちへ送りこむのだ、と判断してしまうのである（38［16－22］）。

ところで、今は、右の二つの理由が十分に確固たるものであるかどうかを吟味してみなければならない。

まず、第一の理由であるが、そこで言われる「自然」とは「自然発生的な傾動（spontaneus impetus）」のことであって、「自然の光（lumen naturale）」のことではない（38［23－27］）。これら両者の間には大きな相違があるのであって、「自然の光」においては、たとえば「私は疑うということから私は在るということ」を帰結させる（38［29］）場合のように、真の根拠（言うなら理由）を示しつつ真を語る、というところにその最大の特徴がある。それは、真自体が真理の基準であって真を偽から区別する、という事態を語るものであって、あたかも光は自ら自身が自らを闇から区別する基準であるというのと同然である。そのような意味で、「この光と同等に私の信頼しうるような、またこの光の示すところを真ではないと私に教えるような、いかなる他の能力もありえない」(38[30]－39［01］)、と言われるのである。これに対して、「自然的傾動」はといえば、たとえば善を選ぶべき場合に却って悪を選ぶように動かされる(39［01－04］)といった具合に働く、いわば本能的な傾向のことであって、それは仮りに真を語ることがあるにしても、何故に真であるのかを同時に語ることをしないがゆえに、もはやそのような傾動に信頼をおくべき理由はないと思われるのである。

つぎに、第二の理由に関しては、観念が私の意志に依存せず、私の意に反してすら顕在することがあるにしても、それだけでは、観念が私の外部に措定されている事物から出て来ることを必然的に確証することにはならない(39［06－08］)。なぜなら、たとえば先ほど述べたばかりのあの「自然的傾動」は私のうちにあるとはいえ私の意志とは別のものであると思われるのであるが、それと同じように、おそらくは当の観念の作者として、何か他の、私には未だ十分に知られていないような能力が私のうちに存するかもしれないからである。あたかも夢のなかで現われる観念が何らかの外的事物の介助なしに私のうちで形成される場合の如きがそれである(39［08－14］)。実際、現に今われわれに確実なのは「私は思惟しつつある事物である」という、あの第一原理のみである。〈コギト〉の働きのみが確実とされ、〈コギト〉とは異質でそれとは独立の領域が未だ確定されていないこの段階では、〈コギト〉にかかわる事態は全て〈コギト〉の主観性の相のもとで考察されねばならない。言い換えるなら、この段階では、私の思惟に入り来ないものでも私に付帯的に帰属するものがあるかもしれないという仮定は未だ排除できないのである。それゆえ、夢の幻想が、たとえ私の意志に依存せずに起るにもせよ、私のうちでの事態であるがゆえに私に由来すると考えられ、さらに一般に、「私の意志に依存してはいない」ことでも、それが私のうちで生起するかぎり、それを生起せしめる能力は私のうちにあるのかもしれぬと考えられることになるのである。[18]

なおまた、たとえ「外来観念」が私とは別の事物から出て来たのであるとしても、それだからといって、それらの観念が当の事物に類似していなくてはならぬ、ということは帰結しない（39［15－17］）。それどころか、そのような類似性に関していえば、それは矛盾を示すこともしばしばである。たとえば、太陽についてわれわれは感官を介して得た観念（すなわち「外来観念」）と天文学上の根拠から得た観念（すなわち、「何らか私に生得的な概念から引き出された」か、あるいは「何か他の仕方で私によって作為せられた」観念）とを有するが、これら二つの観念のいずれもが私の外部に存する太陽には類似していないばかりか、理性的に考えれば、太陽そのものからもっとも直接的に出て来たと思われる前者の方が当の太陽にもっとも多く類似していない、と認めざるをえないのである（39［18－29］）。かくて、感官を介して、あるいは他の何らかの仕方で以て、外的事物が自らの観念を私のうちへと送りこむと信じてきたのは、「確実な判断」によるのではなく、却って「或る盲目的な衝動」によるのである、ということが明らかとなるのである（39［30］－40［04］）。

第三節　観念の「思念的実在性」

かくして、私の外部に何らかの事物が存在するか否かを探求するべく、「観念」の特質をさらに深く考察してみなければならない。観念がただ単に「或る一定の思惟様態（cogitandi quidam modi）」にすぎず、全て「私から同じ仕方で出て来る」とみなされるかぎり、当の観念のあいだには何らの不等性ないし差異も認められない（40［07－10］）。しかし、観念が「像（image）」とみなされて、[19]その各々がそれぞれに或る事物を「表現する（repraesentare)」かぎりにおいては、それらの観念が相互に異なっていることは明らかである（40［10－12］）。というのも、たとえば「実体を私に表示する観念」は「ただ単に様態言うなら偶有性を表現するにすぎぬ観念」よりも「いっそう大きな何ものか（majus aliquid）」であり、かくていわば「いっそう多くの思念的実在性（plus realitatis objectivae)」を自らのうちに含んでいるからであり、さらにまた、「私がよって以て永遠なる、無限なる、全知なる、全能なる、そして自己の他なる一切のものの創造者たる、或る至高なる神を知解するところの観念」は「有限なる実体を私に表示するところの観念」よりも、明らかに「いっそう多くの思念的実在性」を自らのうちに有しているからである（40［12－20］）。

ところで、右に言う「思念的実在性」という概念であるが、それは知性の外部に存する事物そのものとの関係において理解されてはならない。もしそのように理解するなら、「知性のうちに思念的に在る（esse objective in intellectu)」とは「知性の働きを対象という仕方で限定する」ということを意味することになる。[20] たとえば、私が或る事物を思惟するという場合、その思惟の働きは〈私〉を指示するよりも〈或る事物〉の方を指示しているのが通常である。つまり、私の存在は事物の存在にいわば還元されるかのように対自化されることがない。私は事物をいわば思惟させられているのである。私の思惟の働きは事物に向かうよりも、却って事物から私の方に向かっている。そのようにして、「知性のうちに思念的に在る」ということは、「思惟される（cogitari)」ということ、「精神の思惟を自らのうちに存立させ限定する」ということに他ならない。[21] このことは思惟の働きを働きとして支持せず、それをいわば無化するかのように、働きの背後ないし彼岸に或る深みとしての何らかの事物を想定すること、を意味するのである。それゆえ、そのような働きは、無化されていながらもなお〈働き〉として考察される（つまり、働きであるともないとも言える）わけであって、そのような事態は、想定された事物が不動であれ不変であれ、あるいはたとえ存在していなくても、成りたちうるのである。[22] かくして、知性の働きを対象という仕方で限定するということは、まったく「外的な命名」であって「事物に属する何ものでもない[23]」、ということになる。しかしまた、〈働きの無化〉という視点からみるならば、「知性の外部に存するものとしての事物そのものに注目している」のであって、当の事物そのものとの関係においてこそ、「外的命名」といわれねばならぬのである。[24]

「観念」は知性の外部に在るのではない。観念に関するかぎり、「知性のうちに思念的に在る」ということは、「知性の対象が通常在るその仕方で知性のうちに在る」ということを意味する。[25] 別の言い方をすれば、〈観念が「いわば事物の像」である〉ということは〈観念が事物からいわば生まれつつあるものとしての結果を表現する〉ということを意味する。それゆえ、デカルトは「観念の思念的実在性」を定義して、「観念によって表現された事物の、観念のうちに在るというかぎりにおける、存在者性〔在りつつあること性〕(entitas)」、と述べる[26]のである。それゆえまた、「思念的に在る」その「在ることの様態(essendi modus)」は、事物が知性の外部に存在する様態よりも不完全ではあるが、「まったくの無」なのではない（つまり、〈在りつつあること性〉を表現している）のである。[27] かくして、「観念とは、それが知性のうちに思念的に在るかぎりでの、思惟された事物そのものである」と規定する者がいる[28]とすれば、彼はそのことを、「観念とはいわば事物の像である」という規定と合わせて理解しなければならない。「思惟された事物」とは「いわば事物の像」であって、〈端的に事物の像〉なのではない。事物そのものが知性の作用を対象という仕方で限定するのではない。事物を思惟する働きそのものの相のもとでみられるかぎりでの事物の在り方（つまり、事物のいわば像としての在りつつあること）が問題なのである。「思惟された事物」、言うならば〈知性のうちなる表現された事物〉とは、知性の外部に想定される事物そのものが「通常在るその仕方で」知性のうちに現われるものである。それは、〈原型〉——言うなら〈原因〉ないし〈根拠〉——として中心を成していると想定される事物そのものがいわば〈脱中心化〉される、ということである。そのように自らの中心をいわば失うことになる事物は、自らの外部に中心を有するかのように、さまざまな〈表現〉をとる。この事態は、知性の外部なる事物という視点からみるなら、事物はさまざまな性質（偶有性）〈を所有する〉のであるが、知性の内部なる事物という視点からみるなら、事物はさまざまな性質〈から成る〉、ということを意味している。事物が中心を失うということは、事物と事物とを区別する差異としての性質が却って独立的な肯定的事物性となるからである。そのようにして、性質の多様性には無関心でもっぱら肯定性のみを保持する、いわば〈質料的な〉性質が主題化されることになる。それが「実在性」〔〈事物（res）性〉としての realitas〕に他ならない。たとえば、画家の描いた絵にあっては、事物についての多様な色の、単なる「任意の配合」がみられるのではなく、事物との類似を表現すべく「技巧的に為された配合」が認められる。したがって、絵とは、〈事物が多様な色の配合を所有する〉という事態（つまり、各々の色を一般性において――個性をもたぬものとして――所有すること）を表わすが如きもの――それならば、画家ならずとも誰にでも可能なことである――ではなくて、とりわけ画家によって〈多様な仕方での色の配合から成る事物〉として（いわば各々の色の固有性を支持することによって）、巧みに仕上げられた、その「完全性（perfectio）」を語っているのである。[29] この「完全性」がすなわち「実在性」に他ならない。[30]「実在性」とは要するに、事物から「いわば像」として生まれつつあるものとしての〈結果、言うなら観念〉が表現するところの「存在者性〔在りつつあること性〕（entitas）」なのである。それゆえ、もし知性のうちなる事物に関してもなお性質が主題化されるようなことが生ずれば、脱中心化された事物は新たな中心を得るかのように、知性の〈働き〉が〈事物〉という仕方で規定されることになろう。しかし、知性のうちにあっては、事物と事物とを区別する差異としての性質は、事物に〈所有される〉ものであってはならず、知性の働きの相のもとに質料的に〈存立させられて〉、「実在性」へと転換されねばならない。言うなら、事物は「在ることの様態」という観点から眺められねばならぬのである。

そうだとすれば、先に述べた如く、「実体を私に表示する観念」は、実体が独立的な存在者であるがゆえに、〈単に依存的な存在者である様態を表示するにすぎぬ観念〉よりも、いっそう多くの〈肯定性〉（すなわち「実在性」、言うなら「完全性」、言うなら「存在者性」）を自らのうちに含む、かくて「いっそう大きな何ものか」である、と言われうるわけであり、あるいはまた、〈無限なる実体である神を表現する観念〉は〈有限なる実体を表現する観念〉に対して、右と同じことが言われうるわけである。このようにして、性質としての差異そのものを主題化すること、言うなら差異そのものの差異を語ることにおいて、「観念の思念的実在性」は具体的となるのである。

第四節　観念と原因性

質料的性質としての「実在性（realitas すなわち res 性）」は、事物の性質の多様性に無関心になる代りに、肯定性の多様な度を以て現われる。すなわち、観念は「いっそう多く事物（magis res）」であったり、「いっそう少なく事物（minus res）」であったりする。[31] そのように、事物が〈肯定〉され、かくて〈表現〉を得るということは、当の〈表現〉の方からみれば、事物がいわば〈脱中心化〉され、あるいはまた、事物がいわば自らによって〈否定〉される、ということに他ならない。したがって、さまざまな度を以て現われる〈事物の肯定性〉は、常に、〈別の在る肯定〉を予想させる〈同じ一つの否定〉を伴っている。それは自らの肯定が否定によって全面的に貫かれていること、否定が自らの肯定の本質的規定をなすということ、を意味している。[32]「思念的実在性」とは〈知性の内部〉そのものの表現であり、この実在度を昇ってゆく方向からみられた〈知性の外部〉はむしろ〈別の或る実在性〉として、〈知性の内部なる実在性〉を全面的に否定するようにして、その本質規定をなすのである。知性の外部は、知性の内部という表現を得ることによって初めて、自らを開示するのであって、ここに知性の内部と外部との区別と同一性とが問われることになる。

デカルトはこの問題を、「あらゆる観念は自らの思念的実在性の、実在的に存在しつつある原因を有していなければならない」(33)（それゆえ、観念は、先に述べた如く、事物からいわば生まれつつある結果としての〈存在者性[entitas]〉を表現するのである）という、原因性の相のもとに展開する。観念とは「知性の外部に措定される事物」ではなく、かくてそのような知性の外部なる「現実態における在りつつあるもの（ens actu）」ではないが、しかしまた、精神によって「虚構された何か、言うなら観念的な在りつつあるもの（ens rationis）」でもなく、それは「実在的な或るもの（reale aliquid）であって、判明に概念される」ものである。したがって、観念は「知性の外部に存在するためには原因を必要としない」（つまり、観念は「単に概念されるのみ」で、知性の外部では「無」であるのだから、「原因づけられる（causari）」ということはありえない）とは言えても、「概念されるためには原因がまさに必要である」。つまり、概念については、「ただ単に概念されるのみ」と言われることのみに止まらず、「何故それが概念されるのかというその原因」が問われねばならぬのである。なぜなら、観念が他の思念的実在性よりもむしろこの思念的実在性を含むということ、このことを当の観念はまさしく「或る原因から得ているはず」だからである。(34) たとえば、もし誰かがきわめて精巧な機械の観念をもつという場合、彼がその観念をもつに到った原因は何かと、当然問うことができるであろう。その場合、それは観念にかかわる事柄であるからその原因を問うたりする必要はないと答えたり、あるいは概念することは知性の作用に属するのであるから知性そのものが原因であると答えても、われわれは満足しないであろう。なぜなら、そのような答えはいわば当然のことを繰返しただけのことであって、問題は当の機械の観念のなかにある思念的な技巧の原因にかかわっているのだからである。言い換えれば、当の観念の或る特定の表象内容の形成の原因が尋ねられねばならない[35]。当の観念のうちに「ただ単に思念的にのみ、言うならいわば像のうちにあるものとして（tanquam in imagine）含まれている」全技巧は、全てその原因のうちに（それがいかなる性質の原因であるにせよ）含まれていなければならぬのである[36]。

かくして、観念は自らの有する実在性のゆえに、「原因づけられる」と言われるべきものである。実際、結果（としての観念）はその原因からでなければ、いったいどこから自らの実在性を引き出すことができるであろうか。逆にまた、原因は、自らが実在性を有するのでなければ、何故それを結果に与えることができるであろうか。それゆえ、「或るものが無から生ずる」とか、「より多く完全なもの、すなわち自己のうちにより多くの実在性を含むものが、より少なく完全なものから生ずる」といった事態は不可能である（40［24］－41［01］）。かくして、「作用的かつ全体的な原因（causa efficiens et totalis）のうちには、この原因の結果のうちにあるのと少なくとも同じだけの実在性がなければならぬ、ということは自然の光によって明らかである」（40［21－23］）、と言われねばならぬのである。

ここで、「原因」に関して「作用的かつ全体的」とわざわざ付言するのは何故であるか[37]。

まず、デカルトは「作用原因」の特性に注目する。すなわち、作用原因が原因という資格をもちうるのは、唯ただそれが「結果を産出しつつあるかぎりにおいて（quandiu producit effectum）」のみのことである[38]。たしかに、一般に原因は「結果に対して時間的に先なるもの」であり、また「結果とは別個のもの」である[39]。しかし、これら二つの条件を混同して、その一を他によって説明してはならない。作用原因は原因と結果とがいわば同時的に存立することを理解させる概念であるから、少なくとも第一の条件を斥けることはできようが、しかしそのことが第二の条件までも斥けることにはなりえないのである。[40] というのは、原因が結果に対して「時間的に先なるもの」といわれる場合には、そのような結果を〈かつて産出した原因〉が尋ねられることになるが、そのような探求は原因の系列を無際限に溯行して、「第一原因（causa prima）」と呼ばれる究極の原因を結論するには到らぬであろう。[41] そしてそのような事態は、原因と結果とを、〈時間的に同じ秩序のもの〉と解する――言うなら、等質的時間の経過という相のもとで捉える――ことによって、「別個のもの」として分離することに由因している。[42] 二つの条件について、このような混同は斥けられるべきであって、原因と結果とが「別個のもの」であるということは、両者が〈いわば同時的に存立する〉――言うなら、〈産みつつある原因〉と〈産まれつつある結果〉との綜合として存立する――という条件のもとでのみ理解されねばならぬのである。時間的〈先後〉の関係において「別個」にあるのではなく、時間的〈秩序〉に関して「別個」なのである。

このようにデカルトは「作用原因」の特性に注目することによって、事物と事物とのあいだで行使される通常の因果律を批判して、これを事物と観念とのあいだにも適用しようとする。すなわち、先に述べた〈原因性の原理〉（40［21－23］）は「ただ単に、その実在性が現実的（actualis）言うなら形相的（formalis）であるところの結果について明白に真であるのみでなく、そのうちにおいては唯ただ思念的実在性のみが考察されるところの観念についてもまた真である」（41［01－04］、傍点引用者）。たとえば、以前には存在しなかった或る石が、今存在し始めるということは、その石のうちに含まれている全てのものを、あるいは形相的に、あるいは優勝的に、[43] 自己のうちに有するところの或るものによって産出されるというのでなければ、不可能である（41［05－08］）。あるいはまた、以前には熱くなかった対象のうちに熱が導入されるということは、少なくとも熱と同等の完全性を有するものによってでなければ、不可能である（41［08－10］）。これらは事物同志のあいだで通常行使される因果律の例である。しかし、「原因」に関して「作用的」とわざわざ付言したのは、単にそれだけのためではない。すなわち、「熱あるいは石の観念は、熱あるいは石のうちに在ると私が考えるのと少なくとも同じだけの実在性を自らのうちに含む或る原因によって私のうちに置かれたのでなければ、私のうちに在ることができない」（41［11－14］）、と言われねばならないのである。その場合、当の「或る原因」に関して言うなら、たとえそれが「自己の現実的言うなら形相的実在性の何ものをも私の観念のうちに移し入れない」としても、だからといって、当の原因が実在性において劣っていなければならぬ、と考えられるべきではない、むしろ、「観念そのものの本性」に目を向けるなら、観念は私の思惟の様態なのであって、私の思惟から借りてこられる形相的実在性のほかには何らの形相的実在性をも自分から要求することはない、と考えられるべきなのである（41［15－20］）。観念は「いわば事物の像」として、〈事物からいわば生まれつつある結果〉であって、言うなら「思惟の形相」であって、その形相的実在性は私の思惟の働き以外のものに求める必要はないのである。「しかるに、この観念が、他の思念的実在性をではなくて、このあるいはあの思念的実在性を含むということはと言えば、まさしくこのことを、この観念が思念的実在について含むのと少なくとも同じだけの形相的実在性を自己のうちに有するところの或る原因によって、得てこなければならない」（41［20－24］）。「私は思惟しつつある事物である」という〈コギト〉の相のもとで、観念が〈いわば生まれつつある結果〉であるとするならば、それと同時に〈いわば生みつつある原因〉が考えられねばならぬのである。そして、この〈在りつつある（ens）〉という事態が「無（nihil; non ens）」の見地を斥ける。すなわち、「もしわれわれがその原因のうちに存しなかった或るものが観念のうちに見出されるとみなすならば、この観念はしたがってこれを無から得てくることになり、しかるに、事物がよって以て観念を介して知性のうちに思念的に在るところのこの在り方（essendi modus）は、たとえ不完全であるにせよ、たしかにまったく無ではなく、またしたがって無から出てくるということはありえない」（41［24－29］）のである。なおまた、原因と結果（としての観念）とは、そのようにいわば同時的に存立するにせよ、一は〈いわば生みつつあるもの〉、他は〈いわば生まれつつあるもの〉として、あくまでも「別個のもの」であるがゆえに、〈観念において考察される実在性が単に思念的なものである以上、原因において考察される実在性も思念的に在れば十分であって、形相的に在る必要はない〉などと忖度してはならない（41［30］－42［02］）。「この思念的な在り方が観念に、観念の本性上〔すなわち、〈いわば〈生まれつつあるもの〉として〕、合致するのと同じように、形相的な在り方が観念の原因に、少なくともその第一にして主要な原因には、この原因の本性上〔すなわち、〈いわば〈生みつつあるもの〉として〕、合致する」（42［03－06］、〔　〕内は引用者）のである。かくして、作用原因は一方で、その結果とは「別個のもの」であるようにして、当の結果の有する実在性にさまざまな度を許容するとともに、他方、当の結果と〈いわば同時的に存立する〉ようにして、それの実在性を形相的に含むような〈別の或る実在性〉に触れるのである。観念を〈結果〉という相のもとでみるならば、或る観念が他の観念から産出されるということがありうるにしても、そこに「無限への溯行」はありえない（42［06－08］）。結局は或る「第一の観念」へ到りつかざるをえないけれども、この第一の観念の原因たるや「原型の如きもの（instar archetypi）」であって、「そこにおいては、観念のうちに思念的にのみ在るところの実在性〔事物性〕の全てが形相的に含まれている」のである（42［08－11］、〔　〕内は引用者）。かくして、私のうちに在る観念とは「何か像の如きもの（veluti quaedam imagines）」であって、「それらが取得された元の事物の完全性に背馳することの容易にありうるもの」であるが、元の事物よりもいっそう完全なものを含むということはけっしてありえない、ということは「自然の光によって明瞭だ」と言われねばならない（42［11－15］）。しかし、観念がさまざまな実在度（言うなら、事物度）を以て現われるということは、当の観念が「原型」と或る仕方で合致している――言うなら、「いっそう多く事物」であり、「いっそう少なく事物」である――ということでもある。つまり、観念は、そのように自らの実在性（言うなら、実物性）を有して、〈それ以外ではありえぬ〉という必然性を具えているだけではなく、さらに〈他の何ものかなくしては在りえぬ〉ものたるべく、当の〈何ものか〉を自らの本性ゆえに必然的なものとして要求するのである。この〈自らの本性ゆえに必然的なものとして要求される〉、観念にとって不可欠な原因こそは「全体的原因」に他ならない。それは作用原因が自らの結果と〈別個のものであるがゆえに、いわば同時的に存立する〉という相のもとに、却って作用原因を必要とせぬ原因ないし根拠として導出される。すなわち、作用原因はそれの結果に対して「時間的に先なるもの」ではないがゆえに、いかなる結果のうちにもその作用原因を尋ねることの許されぬようなものはないのであり、かくてまた、或る結果の作用原因を探求するということは、もしそれが作用原因をもたぬとすれば何故それを必要としないのかの探求をも要請する、ということを意味している[44]。そして、事物について原因を尋ねるということは、それが「自らに由因して（a se）」在るのか、「他に由因して（ab alio）」在るのか、と問うことである。かくて、「他に由因して」在るものは「いわば作用原因に由るようにして」他に由って在るのに対して、「自らに由因して」在るものは、「作用原因を必要としないような本質を有するがゆえに」、言うなら「いわば形相原因（causa formalis）に由るようにして」、自らに由って在るのである[45]。以上の如くにして、原因に関して「作用的かつ全体的」とわざわざ付言されたことの意味が明らかになるのである。

　右に述べた「自らに由因して」という概念のもとには、「原因に由って（a causa）」ということを理解せずに、ただ単に消極的に「原因なしに（sine causa）」という事態のみを理解してはならない。「無原因（mulla causa）」

といった事態は、〈原因の探求が究極の原因に到達しえないということによって、当の探求を究極的に拒否する〉、ということを語るものである。[46] それはまた、作用原因を、もっぱら時間の〈経過〉という相のもとに把捉して、結果よりも「時間的に先なるもの」としての原因、あるいは結果とは分離されたものとしての原因、に局限するということからの必然的な帰結でもあった。「自らに由因して」在るとは、積極的に「原因に由って」在るのであって、「事物の積極的な本質」にまで拡張されねばならない。それはあたかも、幾何学において想像しうるかぎり大きな円形の線の概念を直線の概念にまで拡張し、あるいは、無際限に多くの辺から成る多角形の概念を円の概念にまで拡張するのが常であるのと同様にである。[47] われわれはすでに、[48]「無際限」が積極的な意味に解されるなら、それは常に「無限」と重なり合っている、という事態をみたが、それと同様に、作用原因においても、探求される原因の無際限の系列が、常に、当の原因とは次元を異にする「別個の」原因に触れている、という事態をみるのである。

かくして、「作用的かつ全体的な原因」なる概念は、「作用的自己原因 (causa efficiens sui ipsius)」[49] とでもいうべき、動的な全体性にかかわっている。作用原因は、「結果を産出しつつあるかぎりにおいて」という動的な相のもとに解されることによって、その極限において全体的原因に媒介されるのである。〈全体〉とは、自らは動かずして他を動かすというものではなくて、[50] 自ら動きつつ自他を産出するもののことである。そのかぎりにおいて、全体はけっして部分に先行するのではなく、唯ただ部分を通してのみ表現されうる。ここに言う〈部分〉とは、知性の内部なる事物としての「思念的実在性」の有する、さまざまな度に対応する。〈部分〉に具わる〈肯定性〉を本質的に規定するような〈否定〉を介してこそ、〈全体〉は表現されうる。〈部分〉は〈全体〉に先行しつつ、〈全体〉を不可欠なものとして要求するのである。ここに知性の内部は、外部といわば同時的に存立しつつ、内部とは別個のものとして外部に触れるということになる。[51] 観念は、「何か像の如きものとして私のうちに在り」、かくて「それらが取得された元の事物の完全性に背馳することの容易にありうるもの」であるとはいえ、作用的原因性の相のもとに、極限において常にすでに、「元の事物」に触れている。観念は「いっそう多く事物」であり、「いっそう少なく事物」であるという仕方で、それぞれの度に応じて、いわば〈部分〉的に、「原型」たる〈事物そのもの〉に与るようにして、事物そのものによって産出されるのである。観念は事物そのものの〈表現〉として、いわば脱中心化して、事物そのものからいわば遠ざかるのであるが、その〈いわば遠ざかる〉という働きを「在ることの様態」という相のもとにみて、観念に具わる完全性ないし実在性を洞察するならば、観念は却って〈表現される事物〉として、事物そのものに媒介されるのである。

第五節　知性の内部と外部

ところで、〈観念としての事物〉が自らの本性ゆえに必然的なものとして要求する〈事物そのもの〉、知性の〈内部〉が不可欠のものとして要求する〈外部〉とは、いかなる展開をみせるのであろうか。

デカルトは観念の原因性に関する考察から、次のように結論づける。すなわち、「私の有する観念のうちの或るものの思念的な実在性がすこぶる大きく、そういう実在性はかくて形相的にも優勝的にも私のうちにはないこと、したがって私自身がこの観念の原因ではありえないこと、を私が確知しうるほどであるとするならば、ここからは必然的に、私独りが世界に在るのではなくて、そうした観念の原因たる何らかの他の事物もまた存在する、ということが帰結する」（42［18－24］）、と。かくて、「私とは別個の何らかの事物の存在」（42［26］）を要求するような観念が私のうちに見出されるか否かということが問題となる。

そこで、私の有する観念を吟味するとき、まず「私自身」を私に表示するものが認められるが、これが今は問題外であることは明らかである（42［29］－43［01］）。それを別にすれば、「神」を表象するもの、「物体的で非生命的な事物」を表象するもの、「天使」を表象するもの、「動物」を表象するもの、そして「私と類似の他の人間」を表象するもの、がある（43［01－04］）。しかし、最後の三者、つまり天使、動物、他の人間を表示する観念についていえば、いかなる人間、動物、天使もこの世界に存在せぬとしても、なおそれらは、私自身と物体的な事物と神とについて私の有する観念から複合することができる（43［05－09］）。このように、デカルトは〈コギト〉とそれに伴う思惟のなかに閉じこもりながら、しかもそのなかに留まりえぬような出口を見出そうと努めるのである。[52]

物体的事物の観念についてはどうか。大まかに言うなら、これらの観念のうちには私自身から生起しえたとは思われないほど実在性の大きいものは何も見当らない（43［10－12］）。これらの観念の内容をいっそう深く考察するとき、明晰判明に知覚されるものは、実体と持続と数であり、さらに延長と形状と位置と運動である（43［15－20］）。まず、実体、持続、数であるが、これらは「私自身の観念」から借りてくることのできたもののように思われる（44［19－21］）。たとえば、私が「石は実体である」と思惟し、また「私は実体である」と思惟するという場合、たしかに「私」は思惟しつつある事物であって延長する事物ではなく、また「石」は延長する事物であって思惟しつつある事物ではない、と私は概念していて、これら二つの概念のあいだには「この上もなく大きな差異」が存するのではあるが、しかし「実体という視点」のもとでは両者は一致していると思われるのである（44［21－28］）。ここに言う「実体」とは「自己自身によって存在しうる事物（res quae per se apta est existere）」である（44［22－23］）。しかし、「自己自身によって」存在するとは〈他のものによってではなく〉在るということであって、積極的に「自らに由因して」在るというのではない。「石」なる実体も、知性のうちに思念的に在る「観念」

として、作用的原因性の相のもとにみられねばならぬのであって、そのかぎり「私自身の観念」に帰されうるのである。それは、「自らに由因して」在るのではないけれども〈他のものによってではなく〉在りうる事物、という意味での〈実体という観点〉のもとでのかぎり言われうるのである。「石」なる物体的実体が〈他のものによることなく〉、すなわち私自身によることなく、存在しうると、私は思惟するということは、〈当の物体が私なくしても完全に説明されうるかにみえる〉という事態を示しているにすぎない。言い換えれば、当の物体に関する「自己自身によって」在るという事態は単に「無原因」としてしか解されないということである。これに対して、「私」なる思惟しつつある事物に関しては、〈他のものによってではなく〉在りうるという事態は、積極的に「自らに由因して」在るような事態の考察を要求する。かくして、〈物体が私なくしても完全に説明されうるかにみえる〉という事態は、実は、〈私自身が、あたかも物体をかつて産出した原因であるかのように、当の物体の説明主体として措定され、かつ、そのような私に当の物体が完全に従属する〉という逆説的な事態を意味するのである。思惟的実体と物体的実体という二つの概念は、「この上もなく大きな差異」を包含するがゆえに、逆説的に、一致しうるのである。

持続あるいは数の観念についても、各事物が存在し続ける、あるいは相継起する、相のもとで捉えられる際の、〈思惟の様態〉と解されるなら、思惟的実体の観念から容易に取り出すことができよう（44［28］－45［02］）。

また、延長、形状、位置、運動についていえば、それらの観念は私が思惟しつつある事物であるというかぎりでは、私のうちに形相的に含まれることはない。しかし、それらは実体の或る様態でしかなく（言うなら、「物体的実体がそれをまとってわれわれに現われてくるところの衣服の如きもの」[53]でしかなく）、しかるに私は実体であるがゆえに、それらは〈思惟の様態〉として[54]私のうちに優勝的には含まれうるのである（45［02－08］）。

物体的事物の観念に関する右の如き考察において注目すべきことは、デカルトは当の観念が精神から導出されるということを肯定したわけではけっしてない、ということである。デカルトがそこにおいて語ったのは、唯ただ、〈結果のうちにはその原因のうちに形相的にか優勝的にか前以て存在していなかったようなものは何もない、という格率によって、物体的事物の観念のうちには、その観念が独り精神のみに由来することはありえなかったと結論せざるをえないほど、それほど大きな実在性は何ら見出されない〉、ということのみである。[55] たしかに、精神と物体とのあいだには、きわめて大きな概念上の差異が認められ、そのような差異を解き明かすべく、物体的事物の観念は物体そのものから到来するということがやがて示され、かくて物体の存在するということが証明されることになるのではあるが、しかし当面は、そのような観念の原因が知性の外部に存在せねばならぬ必然性を語りうるような明証的事態は認められないのである。

なおまた、物体的事物の観念のうちには、光と色、香り、味、熱と冷、およびその他の触覚的性質といった、きわめて不分明かつ不明瞭にしか思惟されえぬものがある。それらの観念は「真」であるのか「偽」であるのか、つまり「事物の観念」であるのかないのか、を知ることすらもできぬほどのものである（43［20－26］）。「本来の意味での虚偽、言うなら形相的虚偽（falsitas formalis）」は、観念を事物に関係づける「判断」のうちにのみ見出される（43［26－28］）。しかるに、観念のうちには、「観念が事物でないものをあたかも事物であるかのように表象する」という、「質料的虚偽（falsitas materialis）」も認められるのである（43［28－30］）。たとえば、私の有する「熱」の観念と「冷」の観念とについていえば、その一方が他方の欠如であるのか、あるいは両方ともに欠如であるのか、あるいはまた両方ともに積極的なものであるのか、弁別することができぬほど不明瞭かつ不分明であって、それゆえ、たとえば冷の観念が欠如であるにすぎぬかもしれないときに、それを何か積極的なものであると

「判断する機会」をもつ、というわけである[56]（43〔30〕－44〔08〕）。したがって、「質料的虚偽」とは〈われわれが誤謬を犯す質料ないし機会を有する〉ということであって、それ自体は誤謬ではない。観念が対象的事物に関係づけられることを留保し、かくて、「ただ単に知性の働きであるのに応じてのみ、みられる」かぎりで、「質料的」といわれるのである[57]。判断を留保するかぎりにおいて意志が正しく使用され、そのかぎりにおいて意志は完全であるとしても、知性が完全ではないかぎり、われわれは常に誤謬を犯す機会を有するわけである。言い換えれば、「質料的虚偽」とは、われわれの「本性があらゆる点で完全だというわけではないことに起因する」〈観念の不明瞭性・不分明性〉に依拠するのである[58]。たしかに、冷の観念を熱の観念から区別するものは、観念の「思念的実在性」である。それゆえ、これらの観念がたとえ不明瞭かつ不分明であるにせよ、その不明瞭性・不分明性は「何らかの積極的な存在者〔在りつつあること〕（ens aliquod positivum）、つまり感覚そのもの〔感覚されつつあること〕を基体として有している」、と言われうる[59]。しかし、まさしくその不明瞭性・不分明性のゆえに、「積極的な思念的存在者〔在りつつあること〕の原因」を尋ねることができない――つまり、「それが私の感覚の外部に在る積極的なものを私に表示しているのか、それともしていないのかを弁別することができない」――のである。かくして、独りそのような不明瞭性・不分明性のみが、たとえば冷の感覚の観念が私の外部に措定された「冷」と呼ばれる或る対象を表象している、と「判断する機会」を私に与えるのである[60]。かくしてまた、そのような観念は「私とは別個の何らかの作者」に帰せられねばならぬという必要はないことになる。もしその観念が実際に偽であるとするならば、いかなる事物をも表象していないわけであるから、それは当の観念が「無から出てくる」ということ、言うなら「当の観念が私のうちに在るのは、私の本性には何ものかが欠けていて、私の本性がまったく完全というわけではないからである」という事態を語るものに他ならない。しかしまた、もしそれが実際に真であって、何らかの事物を表象するとしても、それは「事物でないもの」と区別ができないほど、それほど「少しの実在性」をしか表示しないのであるから、「私自身に由因することができない」と結論せねばならぬ必然性はないのである（44［09－17］）。ここにおいても注意すべきは、デカルトは感覚の観念が精神から導出されうることを積極的に肯定したわけではない、ということである。当の観念の原因を知性の外部に尋ねることを不可能ならしめるような、知性そのものの不完全性が明らかにされたというにすぎない。しかし、そのように〈尋ねることを不可能ならしめられる〉かぎりにおいて、何らかの〈知性の外部〉は、なお尋ねられうるのであり、また尋ねられねばならぬのである。

第六節　神の観念——無限性

かくして最後に、私自身に由因することのできなかったような何かが在るかどうかに関して、「神」の観念が考察されねばならなくなる。「神という名によって私が知解するのは、或る無限の、独立の、この上なき知性をもち、この上なき力能をもち、そしてこの私自身をも、他の何かが存在しているなら、存在している全てのものをも、創造したところの実体である」（45［09－14］）。神という名に関するこのような知解はあらゆる人間が神を語るときに通常認められるところであって、そのかぎり、神の観念は万人に共通する意識の所与であるといえる。[61] もし誰かが神の観念によって何を知解すべきかを知らぬと反対しても無駄である。彼は、神という名によって何ごとかを抱懐したのであれば、当然のことながらそれと同時に、当の神の観念のもとに何を知解すべきかを心得ていたのである。なぜなら、彼は自らが抱懐したものそのもの以外の何ものをも知解しているはずはないのだからである。[62] 要するに、デカルトによれば、〈反対者が理解できないと言うそのときに、必然的に理解しているはずのこと〉が理解されねばならぬというのである。〈神は何であるかわからない〉と言うことは、〈わからない〉と言うことによって〈何ごとかを理解している〉ということなのである。〈わからない〉ということの意味の探求こそが問題なのである。つまり、〈わからない〉とは〈想像力によってはわからない〉ということなのである。反対者は精神を独り想像力としてのみ行使することによって、「観念」なる語をもっぱら想像のうちで形成される物質的事物の像に局限し、そのようにして、神は想像力によっては把捉されえない、と称するのである。[63] そうだとすれば、神の観念は、外的事物そのものに由来するといわれるべきではなく、却ってそのような外的事物の像とは類似していないと思惟される、まさに「その差異の原因」（言うなら、神）に由来するといわれねばならぬことになる。[64] 神が想像力によって把握されえぬことを認めることによって、神の知見は純粋な知性的理解を要求するということを認めることになるからである。[65] かくして、われわれが神の観念を有すること、またその観念がいかなるものであり、いかなる意味に解されるべきであるかを知らないわけにはゆかぬこと、このことは全ての人間が認めねばならぬ事態なのである。[66]

そうだとすれば、〈神の知解〉のもとでは、神について述べられる全ての性質は、私が細心の注意を払えば払うほど、独り私自身から出てきたものだなどとは思えないことになる。かくて、すでに詳述した「作用的かつ全体的な原因」性の原理を併せ考えるとき、「神は必然的に存在する」と結論しなければならない（45［14－18］）。なぜなら、私が有する〈神の観念〉は「無限な実体の観念」であるが、その観念は、〈有限な実体である私〉によっては説明されえず、却って、当の観念の原因である「実際に無限であるところの或る実体」から出てきたのでなければならぬからである（45［19－22］）。

かくして、神的実体の観念の本質的な特性は、〈真なる――積極的意味における――無限性〉に存する。すなわち、「無限な実体のうちには有限な実体のうちにおけるよりもいっそう多くの実在性があること、またしたがって、無限なるものの知覚は有限なるものの知覚よりも、言い換えるなら、神の知覚は私自身の知覚よりも、或る意味で先なる（prior quodammodo）ものとして私のうちにあること」を、われわれは明瞭に知解するのである（45［26－29］）。有限者の知覚に対して無限者の知覚が「或る意味で先なるもの」といわれ、〈端的に先なるもの〉といわれないのは、〈無限者の知覚は有限者の否定によって果されてはならぬ〉（45［23－26］）ということを意味するからに他ならない。有限者の否定とは、有限者の原因の系列の終局ないし限界を追求することにおいて、それを見出しえぬがゆえに追求を断念することである。その際、追求が行われているかぎりでは（つまり、結果から原因へとのみ追求が行われて、かくて結果が原因と〈いわば同時的に存立する〉という事態が無視されるかぎりでは）、観念的存在者でしかない有限者の現実的実在性が前提され[67]、かくて無限者が有限者にいかに還元されるかを――言うなら、無限者が有限者と同じ秩序のものであることを――示してみせるのであるが、他方追求が断念されるや、有限者は無限者に吸収されるかのように――言うなら、無限者は有限者とは分断されて有限者を絶対的に超越するかのように――、有限者の思念的実在性への支持は放棄されてしまう。かくして、有限者の否定においては有限者（すなわち観念的存在者）の現実的実在性がア・プリオリに措定されることによって、有限者そのもの（言うなら、観念の思念的実在性）は支持されず主題化されなくなり、かくてまた無限者も支持されず主題化されなくなる（つまり、無限者は否定的に措定されるにすぎなくなる）。有限者の現実的実在性のア・プリオリな措定とは無限者を説明づけるための単なる道具立てにすぎないのである。無限者が真実支持され主題化されるためには、有限者を支持しつつこれを超越するのでなければならない。有限者は自らとは次元を異にする無限者に常にすでに触れているのでなければならない。無限者は有限者を通して追求されるかぎりにおいて無限者たりうるのであり、そのようにして、無限者は有限者と〈いわば同時的に存立する〉（つまり、生みつつある原因と生まれつつある結果との綜合として存立する）がゆえに、知覚において無限者は有限者に対して「或る意味で先なるもの」なのである。

このような事態は、すでに「作用的かつ全体的な原因」なる概念の考察において認められたところである。すなわち、知覚においては、言うなら「観念」の相のもとでは、無限者は有限者に対して「或る意味で先なるもの」であるようにして、有限者の有する実在性にさまざまな度を許容すると同時に、他方、当の有限者と〈いわば同時的に存立する〉ようにして、それらの実在性を形相的に含むような〈別の或る実在性〉——無限者そのもの——に触れるのである。かくして、「無限な実体のうちには有限な実体のうちにおけるよりもいっそう多くの実在性がある」（45［26－27］）のであって、無限な実体としての神の観念が有限な実体としての私自身に由来するということはありえないのである。「というのは、私がそれとの比較によって私の欠陥を認知するところのいっそう完全な存在者〔在りつつあるもの〕の観念が何ら私のうちにないとしたならば、私が疑うということを、私が欲求するということを、言い換えるなら、何ものかが私には欠けていて私がおよそ完全ではないということを、私はどうして知解するのでもあろうか」（45［30］－46［04］）。たしかに、「われわれは神に注意を向けるよりも先に自分に注意を向け、神の無限性よりも先に自ら自身の有限性を結論することができる」。そのようにして、〈神を知らぬ〉と言うこともできよう。「しかし、暗々裡には常に、神とその完全性の認識の方がわれわれ自身とわれわれの不完全性の認識に先立っていなければならないのである。全ての欠陥と否定とは、自らがそれを欠き、それを否定するそのものを前提している」のである。(68)

したがって、「神の観念」は〈質料的に偽なる観念〉の対極に位置している（46［05－08］）。すでにみた如く、質料的な虚偽とは、われわれの側の不完全性（言うなら、私が「無」に与っているということ）に起因する（44

［12－14］）、観念の不明瞭性・不分明性に依拠するものであったからである。神の完全性によってこそわれわれの不完全性は理解されるのであり、かくて神の観念にもまして虚偽の疑念を免れた（つまり、「他のいかなる観念よりも多くの思念的実在性を含んでいる」）「それ自身によって真なる」観念はない（46［09－11］）。繰返して述べるなら、「このもっとも完全にして無限なる存在者〔在りつつあるもの〕の観念はこの上もなく真である」（46［11－12］、〔　〕内は引用者）。それというのも、この観念の原因そのものを尋ねるという相のもとではなお「そのような存在者は存在しないと仮想することがもしかするとできるにしても」、すでに質料的虚偽についての考察の際にも述べた如く[69]、当の存在者の観念は（たとえ不明瞭・不分明であるとしても）、「何らかの積極的な存在者〔在りつつあること〕」に依拠するものであったがゆえに（すなわち、観念は〈生まれつつある結果〉として、常に、〈生みつつある原因〉といわば同時的に存立するものであったがゆえに）、「何らの実在的なものをも私に示さない」、などとは仮想されえないからである（46［12－15］）。したがってまた、神の観念はとりわけ「明晰で判明である」といわれねばならない。この観念は他のあらゆる観念に比して最高度に多くの思念的実在性を含むのであって、かくて「私が、実在的で真なるものとして、また〔私には未知なる〕何らかの完全性を〔私の知解のうちに〕もたらすものとして、明晰判明に知覚するところのものは何であれ、そっくりこの観念のうちに含まれている」のである（46［15－18］、〔　〕内は引用者の補足）。それゆえ、私が無限なるものを「包括的に把握する（comprehendere）」ことができないとしても、かくて神のうちには私の思惟によって触れることすらできぬような他の無数のものが存するとしても、問題ではない（46［18－21］）。さまざまな完全性が無際限に私の知解のうちにもたらされるということ、言うなら、事物の肯定性が無際限に多くの度を以て私に表示されるということは、すでにみた如く、事物そのものが脱中心化され、さまざまな表現を得るということである。表現とは本質的に事物の自ら自身による否定で

あって、かくて表現を担うさまざまな度の肯定性の背後には、常に同じ一つの否定が存しているのである（つまり、肯定性は無際限に積分されうるが、その積分はけっして完結しえないのである）。有限であるわれわれが無限者について何ごとかを規定することによって、当の無限者そのものにいわば「終局を設けて（finire）」、それを「包括的に把握し」ようとすることは不条理なのであって、[70]「有限である私によって包括的に把握されないということこそは、無限なるものの根拠に属する」（46［21－23］）のである。〈包括的に把握しない〉ということは、単に無限者全体の或る一部分のみを把握する、という意味ではない。そうではなく、「無限なるもの全体を、それが人間的観念によって表象されるべき仕方において、表象する」ことと解されるべきである。[71] それはあたかも、幾何学に通じていない者が、三角形とは三つの線で囲まれた図形である、ということを知解する場合には、彼は三角形全体の観念を有している、[72] ということをわれわれは疑わない――幾何学者ならば同じ三角形のうちでもっと多くのことに気づいているとしても――というのと同じ理由によるのである。三角形全体の観念をもつためには、それが三つの線で囲まれた図形であるということを知解することで十分である如く、無限なるものの真にして全体的な観念をもつということのためには、それがいかなる限界によっても囲まれていない事物であるということを知解することで十分なのである。[73] かくして、有限者である私によっては包括的に把握されないというのが無限者の無限者たる所以である、ということをよく知解するならば、「私の明晰に知覚し、そして何らかの完全性をもたらすものとして知る一切のものが、なおおそらくまた私の知らない他の無数のものが、形相的にか優勝的にか神のうちに在ると判断することで、私が神について有する観念が私のうちに在る全ての観念のうちもっとも真でまたもっとも明晰判明であるためには、十分なのである」（46［23－28］）。

しかしながら、私は自らの認識が次第に増大させられてゆくことを経験する。そうだとすれば、認識がそのようにして無限にまで増大させられることによって、私が神に帰する他の全ての完全性に到達することができるのではないか。あるいは、そのような完全性に到達する力がすでに私のうちに在るのであれば、神の観念を産出するのにそれで十分ではないのか。あるいはまた、私が神に帰する一切の完全性は、たとえ私において未だ顕在化していないにせよ、何らか潜勢的には私のうちに在るのではないのか（46［29］－47［08］）。たしかに、私の認識が順次に増大させられてゆくこと、私において未だ顕在化していないものの多くが潜勢的に在るということ、このことは事実である。しかし、神の観念のうちには潜勢的なものは何もないのであって、却って順次に増大させられてゆくというそのこと自体が不完全性のきわめて確実な証拠なのである（47［09－14］）。無限へと到る無際限の系列を成す認識が呈示する各々の肯定性は、同じ一つの否定によって規定されているのであって、認識の絶えざる増大も「現実的に無限なるもの」に到りつくことはけっしてない（47［15－18］）。むしろ、認識の増大においてそのようにいかなる制限も見出せないということのうちでこそ、現実的に無限なるものに触れるのである。[74]そして他方、現実的に無限である神の完全性には何一つ付け加えることができないのである（47［19－20］）。たしかに、私は神に帰する完全性の観念を、私自身のうちにある何らかの完全性を無際限に拡大することによって形成するのであるが、[75]しかし、私がそのように拡大する「力（vis）」、言うならいっそう大なるものを概念する力、を有するということは、当の私の起源が私の有する完全性を無限なものとして含むような「存在者〔在りつつあるもの〕（Ens）」から得られている、というのでなければ不可能なことなのである。[76]たとえて言えば、私が、数を数えてゆくことを通じて全ての数のうちの最大の数に到りつくことができないことを認め、かくて数を数えるという視点において私の力を超え出る何ものかがあると気づくということから、必然的に結論されるのは、無限の数が存在するということではけっしてなく、また無限数は矛盾概念であるということでもなく、私が「私によっていつか思惟されうるであろうよりもいっそう大なる数が思惟可能であると概念する力（vis）」を、私自身からでなく、「私よりもいっそう完全な或る他の存在者〔在りつつあるもの〕（ens）から、受け取った」ということなのである。[77] かくして、さまざまな度を以て現われる「観念の思念的有〔思念的な在ること〕（esse objectivum）」は極限において、それら思念的有の全てと〈いわば同時的に存立する〉（すなわち、〈生まれつつある結果〉は〈生みつつある原因〉といわば同時的に存立する）ことによって、当の有の全てを形相的に含むところの「現実的有〔現実的な在ること〕（esse actuale）」に与るようにして、当の現実的有によって産出されるのであって、単に「可能的有〔可能的な在ること〕（esse potentiale）」――これは本来から言えば「無」である、というのも、無とは全ての完全性あるいは肯定性からこの上なくかけ離れているもののことであるから（54［14－15］）――によってはけっして産出されえないのである（47［20－23］）。

第七節　神の観念――自己原因

右に述べた神の存在証明は通常〈ア・ポステリオリな第一の証明〉と呼び慣わされているものであるが、その根幹は、「作用的かつ全体的な原因」性の原理の知解、言うなら、通常の因果律への批判にある。事物と事物とのあいだに適用されるのが通常である因果律を批判して、これを事物と観念とのあいだに適用しようとするとき、原因性は〈生みつつある原因と生まれつつある結果との綜合〉として捉えられねばならぬのであったが、こうした事態を支えるものこそは「私は思惟しつつある事物である」という〈コギト〉の原理である。したがって、批判によって生まれる新たな因果律は、「公理」[78]としてなお〈欺く神〉の介入を容れるものであるにもせよ、その方に〈私の注意を向けるかぎり同意せざるをえない〉あの「一般的規則」のもとで理解されるべきものである。[79] 新たな因果律は〈コギト〉の現実の働きのもとで〈私の注意作用〉によって支持され適用されるのである。したがってまた、この因果律批判には、「注意深く考察するとき自然の光によって明瞭でないものは何もない」のであるが、しかし「私があまり注意せず、感覚的な事物の像が精神の眼を曇らす場合、何故に私よりもいっそう完全な存在者〔在りつつあるもの〕の観念は必然的に、実際にいっそう完全なる或る存在者〔在りつつあるもの〕から出てこなければならぬかを、それほどたやすくは思い出せない」、と言われねばならぬのである（47［24－29］）。かくして、私のうちなる神の観念は私の知性の外部なる神の存在を権利上要請することになる。当の観念の原因を尋ねて無際限に溯行する系列を完結しえぬがゆえに無限者としての神を要請するのではない。却って、そのような無際限の溯行自体を支持すべく要請するのである。したがって、原因への溯行そのもののなかでは、たとえ当の原因が「存在しないと仮想することはもしかするとできる」（46［12－13］）かのようにみえるにせよ、それはあくまでも〈事実上〉のことにすぎない（〈権利上〉は、すなわち論理的には、無限者の知覚が「或る意味で先なるもの」として私のうちに存する）。当の溯行が完結されえぬかのように放棄されるなら（つまり、結果から原因へとのみ溯行が行われて、かくて結果が原因といわば同時的に存立するという事態が無視されるなら、言い換えるなら、精神の眼が感覚的想像的思考によって曇らされるなら）、溯行の度毎に観念（すなわち結果）の思念的実在性は現実的実在性に転化し、かくて神の存在は私の存在を以て置き代えられるであろう。かくして、神の観念を有するところの私自身は神が存在しないとした場合でも存在しうるか（48［01－02］）、ということがなお問われねばならぬのである。ここにいわゆる〈ア・ポステリオリな第二の証明〉が展開されることになる。

私は何に由因して存在するのか。私自身か、両親か、他の何であれ神よりも完全でないものか、それとも神か、のいずれかである（48［03－06］）。

まず、私の存在が私自身に由因するとしてみよう。そうだとすれば、私は疑うことも、願望することも、およそ何かが私に欠けているということもないであろう。その観念が私のうちにあるところの全ての完全性を、私は私自身に与えたことであろう。かくして、私自身が神であるということになったであろう（48［07－10］）。ところで、私が自らに完全性の全てを現に与えていないという事態はといえば、それは私に欠けている完全性が、すでに私のうちにある完全性よりも、獲得するのにいっそう困難であるということを意味するのだ、などと考えてはならない（48［10－12］）。事情はまったく逆であって、「思惟しつつある事物、言うなら思惟しつつある実体」としての私が「無（nihil）」（すなわち、在りつつあるなきもの〔non ens〕）から発現することの方が、単にこの実体の属性ないし偶有性にすぎないところの認識を獲得するよりも、はるかに困難であったということは明白なのである（48［12－16］）。属性は、その全体を一挙に捉えるならば、たしかに実体と同じになるが、しかし、〈属性の認識を獲得する〉とは、まさしく〈全体として捉えるのではない〉ということ、さまざまな属性のなかから一つずつ産み出してゆくということに他ならない[80]。かくて、私の完全性に欠けるところがあり、あるいはそれが増大しうるものであるという事実は、私は少なくとも私自身によって産出された実体ではない、ということを明かすものである。実際、私は〈かのいっそう大きな完全性、言うなら増大しうる完全性〉を私自身から得ているのなら、少なくとも、実体よりもいっそう容易にもちうる完全性を私に拒むようなことはしなかったであろう。なおまた、神の観念のうちに含まれていると私の知覚するところの他のいかなる完全性をも、私に拒むようなことはしなかったであろう（48［17－20］）。これらの完全性のうちには、実体を作り出すことに較べれば、作り出すのにいっそう困難であると思われるものは何もないのであって、もしそのような困難が存するのなら、私はそれを意識したことであろう。

それというのも、私は、私が現に有している他の完全性についてはそれを私自身から得ているのであるから、そのような困難な事柄においては私の力に限界があるのを経験したことであろうからである（48［21－24］）。

右の如き事態が帰結するのであれば、今度は、私が〈私に由因する〉ということを、〈私によって産出される〉と解するのではなく、「現に私の在るように私はおそらく常に在った」と解すればいかがであろうか。そうとすれば、何ものも私に先立って存在してはいなかった、と言えるのではないか（48［25－28］）。ところで、私は「思惟しつつある事物」であるがゆえに、私の生涯の全時間は相互に依存することも同時に存立することもけっしてない「無数の部分」（すなわち思惟様態的部分、言い換えるなら時間としての瞬間、さらに言うなら固有性を具えた、つまり始めと終りをもった、瞬間）へと分割されることができるのであって、かくて、「私が少し前に在ったということから私が現に今在らねばならぬということは、この瞬間に何らかの原因がいわばもう一度私を創造する、言い換えれば私を保存する、というのでないかぎり帰結しない」のである（48［28］－49［05］）。（これがデカルトのいわゆる〈連続創造説〉である。）実際、時間の本性に注目すれば明白なことであるが、いかなる事物でも、それが持続する個々の瞬間において保存されるためには、当の事物が未だ存在していなかった場合に新しく創造されるために要したのとまったく同じだけの力と働きとを要するのである。その意味で、「保存と創造とは独り考え方の上でのみ異なるにすぎない」ということは、自然の光によって明らかなのである（49［05－11］）。そうだとすれば、そのように「現に今存立している私が少し後にも存在するであろうようにすることのできる何らかの力」が私に具わっているかどうか、を尋ねてみなければならない。ところで、私は厳密な意味で「思惟しつつある事物」であるがゆえに、あるいは少なくとも今は唯ただまさしく、「私の、思惟しつつある事物であるところの、部分」（つまり、思惟様態的な各々の瞬間、言うなら始めと終りを具えた各々の瞬間）のみを問題にしているのであるがゆえに、もしも何か「そのような力」が私のうちにあったとするならば、疑いもなく私はこれを意識したはずであるが、実はしかし現にそれを意識していない。それゆえ私は、私が私とは別個の「或る存在者〔在りつつあるもの〕」に依存することを、きわめて明証的に認識するのである（49［12－20］）。

〈私は厳密な意味で思惟しつつある事物である〉ということは、私は思惟しつつあるかぎりにおいてのみ存在するということ、もし私が一切の思惟を止めるとしたなら、私は直ちに存在することをまったく罷めるであろうということ、であった。たしかに、私の全ての行為は時間において果され、かくて私は同じ思惟において或る時間のあいだ持続すると言いうるのであって、私の思惟は持続に関するかぎり拡がりをもち部分に分割することができる。しかし、思惟自体は本性上は拡がりをもたず、分割することができないのである。[81] 思惟が止むと同時に存在も罷めるということはそのような意味である。〈この私〉が次の瞬間にも〈この私〉として「保存」されるということは、〈この私〉でないこともありうるものとして「保存」される（すなわち、「創造」される）ということなのである[82]（これが、「保存」と「創造」とは単に考え方の上で異なるものにすぎない、ということの意味である）。かくして、思惟はその持続においては無際限に可分割的であって、それゆえ、分割された持続の部分は本質的に（言うなら、各々の瞬間はそれぞれ固有の始めと終りをもつがゆえに）非連続的であるということになる。〈思惟しつつあるかぎりにおいてのみ〉とは、〈思惟は必然的に持続において果され、当の持続は無際限に可分割的であるがゆえに、非連続的な部分から成る〉ということを意味するのである。したがって、たとえ何ものも私に先立って存在してはいなかったとしても、それでも「私がすでに在る」ということからは、何らかの原因が各瞬間に私をいわばもう一度創造し直すというのでないかぎり、「引き続いて私が在るであろう」ということは帰結しない。[83] かくして、私が私とは別個の存在者に依存しているということは明らかなのである。

とはいえ、その存在者は神ではなくて、両親か、それとも神よりは完全でない何らかの他の原因というわけではないのか。否、そうではない（49［21－23］）。すでに「作用的かつ全体的な原因」なる概念の分析において明らかにしたように、原因のうちにはその結果のうちにあるのと少なくとも同じだけの実在性がなければならない。ところで、〈私〉は「思惟しつつある事物」であり、また「神の或る観念を私のうちに有しつつある事物」であるから、〈私の原因〉もまた同じように、「思惟しつつある事物」であり、また「私が神に帰する一切の完全性の観念を有する」と認められねばならない。そして、原因を尋ねるということは〈自らに由因して在るのか、それとも他に由因して在るのか〉を問うことである。そこで、自らに由因して在るのなら、当の原因がすなわち神であることは明らかである。なぜなら、当の原因は「自分自身によって存在する力」を有しているわけであって、かくて、自分自身のうちに観念としてもっている一切の完全性を（言い換えるなら、神のうちにあると私が考えるところの一切の完全性を）現実的に所有する力を有しているからである。しかるにもし他に由因して在るのなら、この〈他のもの〉についても同じように自らに由因して在るのか他に由因して在るのかが問われ、かくしてついには「神であろうところの究極的な原因」に到達するのである（49［23］－50［06］）。

「究極的原因」、言うなら「第一原因」に到達するということは、原因の系列の溯行を停止しうるということ、原因の継起から自由になるということを意味する。そして、そのように溯行を停止しうるのは、単に「私をかつて産出した原因」――〈生成の因〉――のみを問題にするからではなく、とりわけ「私を現時点において保存している原因」――〈存在の因〉――を問題にするからである（50［07－10］）。原因の前者の探求においては、原因の系列は無際限に続き、究極の原因を結論するには到らない。そこにおいては、無限の系列を包括的に把握しえないという、〈有限な私の知性の不完全性〉が帰結するにすぎない。[84] このような事態は、「作用原因」なる概念の分析においてすでにみた如く、原因と結果とを、等質的な時間の経過（つまり、要素的な瞬間の連続）の相のもとにみて、先後の関係において分離するということに由因する。しかし実は、作用的原因性は原因と結果とを〈いわば同時的に存立する〉もの（つまり、〈生みつつある原因〉と〈生まれつつある結果〉との綜合）として捉えるところにその特質があった。ところで、私は〈思惟しつつあるかぎりにおいてのみ存在する〉のであるから、現に今私を保存している原因こそが問題である。そして、私を保存する原因を作用原因と称することは許される。[85]そうだとすれば、〈私の存在〉とは私を現に今産出しつつある原因といわば同時的に存立するような〈結果〉のことであって、その意味で「私は全ての原因の継起から自由になっている」[86]と言いうるのである。それゆえ、「思惟しつつある事物」であるというかぎりでの〈私〉の原因を問うということは、〈自らに由因して在る〉ような存在者〈在りつつあるもの〉を尋ねることに他ならない。[87]そのような存在者は、もはや消極的に「原因なしに」ではなく、能うるかぎり積極的に「原因に由って」在るかの如くに、「自らに由因して」在る。言うなら、「存在するためにいかなるものの介助をもけっして必要としなかったし、そしてまた今も保存されるためにそれを必要としない、かくて或る意味で自己原因（quodammodo sui causa）であるといえるほど、それほど大いなる汲み尽せない力能（potentia）がそのうちにあるような或るもの」であって、神こそがそのようなものであると知解されるのである。[88]「神は自己自身の作用原因である」とまでは言ってはならない（なぜなら、後述する如く、神は「自己原因」であるからといって、「自己結果」でもある、と解されてはならないからである）にせよ、それでも「神は自らに由因して在る、言うなら神は自らとは別個のいかなる原因をももたない」のであって、このことが「神の力能の実在的な広大無辺性（immensitas）に由因している」と知覚されるのであるから、「神は自己自身に対して、作用原因がその結果に対するのと、或る意味で同じ関係に立ち、したがって、神は積極的に自己自身に由因して在る」と考えることがわれわれには許されるのである。(89)「或る意味で同じ（quodammodo idem）」関係に立つのであって、〈端的に同じ〉関係に立つのではない。このことによって、デカルトは「神が自己自身の作用原因であるということを否定した」(90)のである。すなわち、神の汲み尽せない広大無辺の力能（言うなら本質）のもとに、「神は〔作用〕原因を必要としないところの原因ないしは理由である」ということ、そしてそのような「原因ないし理由は積極的である」（つまり、「作用原因を必要としない」ということを消極的意味に解してはならぬこと）ということ、を知解することが(91)問題なのである。神は或る意味で自己原因であって、いわば自己が自己を産出するのであるが、その意味するところは、被造物が神によって保存されるのと同じような作用によって〈自己を保存する〉というのではなく、〈神がそのような保存者を必要としないことの原因ないし理由たる力能（言うなら本質）の広大無辺性が積極的な事物である（つまり、無際限を超える真なる無限である）〉ということなのである。(92)「力能」あるいは「本質」は産出の〈働き〉そのものであって、これを消極的に〈対象〉という仕方で――〈自己を保存する〉という仕方で――規定してはならない。〈対象〉という仕方で規定されて、〈保存される自己〉が「自己の結果」(93)の如く注目されるならば、神の「力能」あるいは「本質」を〈働き〉として支持していないことになる。原因は何ものかを産出するのであるが、〈産出〉という〈働き〉の相のもとにみるかぎり、当の〈何ものか〉は〈結果〉ではない。〈結果〉とみなされるときは、〈働き〉のいわば外に出るようにして、――〈働き〉そのものを止めて――、〈産出〉の働きを対象化して眺めることを意味しているのである。かくして、自己が自己を産出するというとき、産出される自己は〈結果〉ではないがゆえに「自己原因」は真の意味で（つまり、原因としての自己といわば結果としての自己との実在性がまったく等しいという意味で、言うなら、自己がそのまま自己として産出されるという意味で）「形相原因」と呼ばれるにふさわしい。(94)「形相原因」とは、〈不動の動者〉として消極的に捉えられるべきではなく、自ら動きつつ自

他を産出する原因なのである。(95)

ところで、神はその本質が広大無辺であって、存在するのに作用原因を必要としないというのであれば、神が認識するところの完全性の全てを所有するためにも作用原因を必要としないであろう、ということは明らかである。(96)私が神に帰するところの完全性の全てを神は現実的に所有しているといわれるとき、それは「自己の結果」として所有するという意味ではない。たしかに、すでに少しく触れた如く、私が神に完全性を帰するということは、人間のうちで私が気づくところの完全性を人間的なもの以上であると認識されるまでに増大させることによるのであるが、しかし、そのように増大させる力そのものは、私が神によって創造されたというのでないかぎり、私のうちにはありえないのである。(97)別の言い方をすれば、神の観念は、被造物の完全性が増大させられることによって、「次第に形成される」のではなく、無限であってもはやいかなる増大も不可能である存在者に私が精神によって触れるということから、「全体として同時に形成される」のである。(98)もし増大させる力が本質的に人間的なものであるとすれば、神に帰されることになる完全性とは、増大させられてゆく完全性の、それゆえ自体的には不完全なものの、否定によって概念される完全性に他ならぬことになる。完全性が増大させられるということのためには、そのように〈増大させられる〉という事態を支持するように、常にすでに〈真なる完全性〉――いかなる意味でも更なる完全性へと生成することのない完全性――に触れているのでなければならぬのである。相対的な完全性の否定によって概念される完全性はそれがいかに多く取り集められても、その複合は統一を成さない。複合される完全性の各々が真に完全であるといわれうるためには、複合の仕方そのものも完全でなければならぬからである。「統一性、単純性、言うなら神のうちにある一切のものの不可分離性は、神のうちにあると私の知解する主要な完全性の一つなのである」（50［16－19］）。したがって、「幾つもの部分的原因」が協働しあって私を産出したかのように、かくして、私が神に帰するさまざまな完全性の観念をそれぞれ別個の原因から受け取ったかのように、みなしてはならない（50［11−16］）。「神におけるあらゆる完全性の、このような統一性の観念は、他のもろもろの完全性の観念をも私に抱かしめるところの原因によってでなければ、私のうちに置かれえなかった」はずであって、かくて私がいかなる完全性に気づくにせよ、完全性の何であるかを知解することは、いかなる完全性も不可分離的であると知解するということに等しいのである（50［19−24］）。かくして、私が神の観念を有しつつある事物であるかぎり、私は複合的原因に由って在るのではないということになるのである。

なお最後に、〈私の存在〉が「両親」に由因するのではないかという問題について言えば、「かつて私が両親について考えたことは全て真であるとしても」（50［25−26］）、つまり「両親がわれわれの身体を産んだ」と考えるのがわれわれの常であってそのことはおそらくは真であるとしても、しかし、そのように彼らが私を産むための「身体的な活動」と「思惟する実体の産出」とのあいだにはいかなる関係もないのである。[99] それというのも、両親は〈生成の因〉ではあるにせよ、〈存在の因〉（すなわち、私を現時点において保存している原因）でないことは明らかであるし、また、私は厳密な意味で「思惟しつつある事物」であるかぎり（つまり、私は唯ただ思惟しつつあるかぎりにおいてのみ存在するのであるから）、彼らが「私を作り出した」のではないことも明らかだからである（50［26−28］）。むしろ、彼らは「思惟しつつある事物」としての〈私〉、言うなら「精神」、がそのうちに内在しているところの「質料」、言うなら身体、のなかに「或る一定の性情（dispositiones）」（つまり、身体の全体的な在り方）を据えつけたのにすぎないのである（50［28］−51［01］）。かくして、「思惟しつつある事物」であるかぎりの〈私〉は両親に由因するのではなく、却って、「私が存在するということ、そしてもっとも完全な存在者〔在りつつあるもの〕の、言い換えると神の、或る一定の観念が私のうちにあるということ、ただこのことだけから、神もまた存在するということがこの上もなく明証的に論証される」、と結論されねばならぬのである（51［01—05］）。

以上の如きが〈ア・ポステリオリな第二の証明〉と呼び慣わされているものであるが、そこにおいては〈ア・ポステリオリな第一の証明〉で語られる因果律批判（すなわち、因果の関係を事物同志のあいだにではなく、事物と観念とのあいだに適用すること、かくて原因と結果を同種の実在の秩序においてみることを斥け、それらのいわば同時的な存立を主張すること）がいっそうの徹底をみるのであって、そのことが〈連続創造説〉によって示されたのである。この〈第二の証明〉において、われわれは「作用原因」の考察の究極の相をみる。それは原因と結果との絶対的綜合――産出しつつある原因と産出されつつある結果との或る意味での同時的存立――によって、存在（言うなら原因そのもの）を光のなかに引き出そうとする分析的努力である。この努力は、何よりも、原因と結果とを時間的に同じ秩序のものと解することの、言うなら等質的時間の経過という相のもとで捉えることの、拒否に依拠している。そして、そのような〈拒否〉こそは、時間の諸部分を非連続的とみなす見解、すなわち〈連続創造説〉と相即していた。それは言い換えるなら、いわば同時的に存立する原因と結果とのあいだに真正の時間秩序を引き入れようとする試みであった。それはさらに言うなら、〈産出しつつある原因〉と〈産出されつつある結果〉とを綜合する〈つつある〉のもとに語られる〈同時性〉を、〈純粋持続としての――等質的なものとしてではない――時間〉として主題化することであった。それは因果律を、端的にア・プリオリな原理として、つまり絶対的必然性の相のもとに、捉えることの拒否であった。たしかに、因果律は、〈結果〉の相のもとでみられるなら、絶対的必然性を示すかにみえる。しかし、そのような必然性といえども、当の因果律を立てること自体の必然性を意味しない[100]。それらの必然性を区別すること、そのようにして因果律に具わる必然性のうちに根源的な偶然性を認めることは、〈究極の第一原因〉を真に積極的な意味において捉えることを要請する。〈結果〉の相のもとで〈原因の原因〉を溯る因果の系列を独り完結しうるものは、当の系列に対して「或る意味で先なるもの」としての、当の系列から自由な、積極的意味での〈究極の第一原因〉なのである。因果の系列に対して「或る意味で」先なるものであって、〈端的に〉先なるものではない。〈究極の第一原因〉が積極的に肯定されるのは、因果の系列を支持しつつ——けっして否定することなく——これを超越するからである。〈結果〉は〈産出されつつある結果〉として、自らとは秩序を異にする原因そのものに——言うなら、〈産出しつつある原因〉の相のもとで当の原因に——常にすでに触れていなければならぬのである。かくして、真の意味での〈究極の第一原因〉とは、もはや消極的に「原因なしに」在るのではなく、能うるかぎり積極的に「原因に由って」在るかの如くに、「自らに由因して」在るような原因である。すなわち、「自己原因」が権利上要請されるのである。

『省察』本文に付された『答弁』において展開された、〈連続創造説〉と「自己原因」なる概念との、右の如き密接な関係は、「自己原因」なる概念が『省察』本文のなかには現われないだけに、『省察』本文を読解するうえで重要である。『答弁』も『省察』本文もともに〈連続創造説〉を語り、しかも『答弁』では「自己原因」なる概念を当の理説と関連させながら語るのであるから、『省察』本文においても「自己原因」なる概念は読みこまれうるのであり、まさにそうされるべきである。『省察』本文は、「作用原因」を〈連続創造説〉を介して「自己原因」へと接続させるもの、と解されねばならない。実際デカルトは、〈「他に由因して」在るものは「いわば形相原因に由るが如くにして」在る、言い換えるならば、「作用原因を必要としないような本質をもつがゆえに」在る〉ということを、「私の『省察』において説明することなく、自ずからに識られているものとして放置した」、と注意しているのである。[101] 後述する如く、時間における瞬間の非連続性を説く〈連続創造説〉は原理的に〈永遠真理被造説〉につながるのであるが、これら二つの理説のうち後者は前者を通して「自己原因」なる概念のもとに『省察』本文のなかに潜勢的に（自明であるがゆえに説明不要のものとして）組みこまれ、「第五省察」における〈神存在のア・プリオリな証明〉として展開されるであろう。

なお、神存在のア・ポステリオリな証明に関して残る問題は、最完全者としての神の観念を私はいかなる仕方で神から受けとったか、を吟味することである。そのような観念は、私が自らに注意を向けるかぎり、不可避的に立ち現われるにせよ、外来的観念におけるように私の意に反して到来するということはないのであり、また当の観念においては一切の完全性が不可分離的に統一されているのであって、作為的観念におけるように、それに何ものかを付加したり、それから何ものかを引き去ったりするということはできない。したがって明らかなことは、神の観念は「生得的」であるということ、言うなら「私が創造されたその時からすでに私とともに生まれ産出されて在る」[102]ということである（51［06－14］）。

一般に「或る観念がわれわれに生得的である」と言われるとき、それは「観念がわれわれに常に顕在している」ということを意味するのではなく、単に「われわれが自らのうちに観念を喚起する能力を有している」ということのみを意味する。[103]当の能力は、いつでも現実的に意識されうるというかぎりでのみ、潜勢的に在るのであって、それゆえ、われわれは当の能力について意識することができなくても、その存在を否定することができないのである。[104]（その意味で、私は私が神に帰する一切の完全性に常にすでに触れているのである。）したがって、〈私は神の観念を、たとえ神の存在していることを私が知らないとしても、形成することができる〉とは言えても、その形成能力それ自体は、神が実際に存在して私を創造したというのでなければ、私のうちには在りえないのである。[105]言うなら、神は私を創造するに当って、自ら自身の観念を「あたかもそれが自己の作品に刻印された製作者のしるしででもあるかのように、植えつけた」のである（51［15－17］）。それはあたかも、或る画家によって絵を通して表現された模倣しがたい技巧はといえば、当の画家が自らの全ての絵に、他の画家の絵から識別されるように刻印した、或る種のしるしの如きものである、という場合と同然であって[106]、そのような「しるし」とは、神における一切の完全性が統一されて不可分離的な一者を成しているということ、言うなら当の一切の完全性を複合して表現する仕方そのものの完全性、を意味するのである。それゆえ、或る画家の絵を他の画家の絵から識別させるあの技巧は絵そのものとは別個の何ものかではないように（つまり、絵は作為されるものではあっても、絵に具わる――いわば絵に生得的な――完全性は作為されるものではないということ、言うなら、絵の完全性は絵を描きつつ生まれる生得的なものであるということ）、神の創造のしるしは、その作品である私自身とは別個の事物であるという必要はない[107]（51［17－18］）。すなわち、「私は或る意味で神の像と似姿に象って（quodammodo ad imaginem & similitudinem ejus）作られている」のである（51［19－20］）。「或る意味で」であって、〈端的に〉というのではない。「像と似姿に象って」とはいえ、可感的想像的形象は厳に排除されねばならぬのである。デカルトが「像と似姿に象って」と語るときには、「結果は原因に類似している」という公理にこめられた意味での「似姿」のことを言っている。したがって、通常言われるような〈大工が家の原因である〉という意味での原因が問題なのではない。大工はただ単に「能動的なものを受動的なものに適用している」にすぎないのであって、そのかぎりでは大工が自分の作品に「似ている必要はない」。問題なのは「全体的な原因（causa totalis）」と「有（在ること）そのものの原因（causa ipsius esse）」である。そのような原因はといえば、原因そのものが「存在者（在りつつあるもの）（ens）」であり「実体」であって、何ものかを「有（在ること）に則って（secundum esse）」――同じことであるが、（産出される当の〈何ものか〉に即して言うなら）「無から（ex nihilo）」――産出するのである以上、当の〈何ものか〉は少なくとも存在者〔在りつつあるもの〕であり実体であって、かくて神に似ていて神の像を表わすのでなければならないのである。[108] そうだとすれば、神の観念をうちに含むこの似姿は、私が私自身を知覚するための能力と同じ能力で以て、私によって知覚されるといってもよい（51［21－23］）。言い換えるなら、私が私自身のうちに精神の眼を向けるとき、私は他のものに依存する有限で不完全な事物であって、より大いなるものより善なるものを無際限に希求する事物である、と知解するというばかりでなく、それと同時に、私が依存する当の他のものはより大いなるものの全てを単に無際限に潜勢的に有しているのではなく、実際に無限に有しているということ、かくてそれは神であるということ、をも知解するのである（51［23－29］）。かくて、以上の如き論証の力は悉く次の点に存する、すなわち、私が現に在るが如き本性のものとして存在すること、言うなら神の観念を自らのうちに有するものとして存在することは、実際に神もまた存在するのでなくては、不可能なのだと私が認知するところに存する（51［29］－52［02］）、と言われねばならぬのである。

かくして、神の観念の生得性は「作用的かつ全体的な原因」なる概念のいわば究極の相を示すものであることが理解される。有限者は、積極的な意味での無際限の相のもとで常にすでに無限者に触れているということが見出されることによってのみ、有限者たりうる。神の存在が証明されるに到る以前には、作用原因の考察が不可欠なのであって、それゆえ神自身の作用原因をも探求することが許されねばならない。たとえ作用原因は存在についてのみ問われるのであって、本質については問われないのであるにせよ、神においては存在と本質とが区別されないというまさにそのことのために、神についても作用原因は問われうるのである。[109] そのようにして初めて、自らに由因して在る存在者〔在りつつあるもの〕が、作用原因を必要としないような本質を有するものとして、明かされる。[110] 私は神の完全性の全体を「包括的に把握する」ことはできないが、しかし、「何らかの仕方で思惟によって触れる」

ことはできるのである（52［04－06］）。あたかも、千角形の全ての辺を同時に包括しようとする場合には、千角形の想像は不分明になるが、個々の辺に注意を向けさえするならば、当の想像は明晰判明になりうるのと同様に、神の個々の完全性に心を向け、それを包括的に把握しようとするよりも（というのは、〈包括的に把握しようとする〉ならば、却って、単に〈複合する〉ことのみに終ってしまうから）、いかにそれらが一切の把握の彼岸にあるかを知るようにして、自らの知性の全ての力を傾けてそれらを観想することに専念しようとするならば（というのは、完全性の真なる概念にあっては、新たに完全性に気づくということは、唯ただ完全性の観念がより判明になるということのみを意味するのであって、完全性そのものが増大することを意味するのではないから、さらに言うなら、いかなる完全性に気づくにせよ、それが完全性であると知解するということは、いかなる完全性も不可分離的であると知解するということに等しいのだから）、神は明晰判明に認識されうると言うことができるのである[111]。そして、このような〈神の観想〉のもとで、われわれは神が「一切の完全性を有し」、かくて「いかなる欠陥からもまったく免れている」、ということを理解する。かくてまた、「神は欺瞞者ではありえない」ということは明らかである。およそ奸計とか欺瞞とかいわれるものは、何らかの欠陥ないし不完全性に依存しているからである（52［03－09］）。そうだとすれば、われわれは真理のさらなる探求に入るに先立ち、ここでしばらく「神そのものの観想のうちに留まり、その属性を静かに考量し、そしてその広大無辺なる光明の美しさを、これに眩惑せられた私の智能の眼の堪えうるかぎり、凝視し、讃嘆し、崇敬するのがふさわしい」であろう（52［10－16］）。それというのも、独りこの「神の荘厳の観想」のうちにのみ、来世の最高の浄福の存することをわれわれは「信仰によって信じている[112]」のであるが、しかし、この同じ「観想」から現在においてもまた、もとよりはるかに不完全なかたちではあるが、現世において享受しうる最大の満足の得られることを、われわれは経験するのである（52［16－20］）。

IV　第四省察「真と偽とについて」

第一節　観念と誤謬

これまでの諸「省察」のもとで、私は「精神を感覚から引き離す」という習慣を十分に身につけたことによって、物体的事物についての真なる知覚はきわめてわずかであるのに対して、人間的精神についてははるかに多くのものが認識され、神についてはさらにはるかに多くのものが認識せられるということを、きわめて綿密に観察してきたので、今や私は私の思惟を想像の対象である事物から転じて、独り知性によってのみとらえられうる事物、言うなら「一切の物質〔質料〕から分離せられたもの」へと容易に向けることができるであろう（52〔23〕－53〔05〕）。たしかに私は、人間の精神について、それが「思惟しつつある事物」であるかぎりにおいて、言うなら、延長せる事物ではなく、かくて物体に属するいかなるものをも有さない事物であるかぎりにおいて、いかなる物体的事物の観念よりもはるかに判明な観念を有している（53〔06－09〕）。また、「私が疑うということ」、言うなら「私が不十全で（incompleta）依存的な事物であるということ」に注意するとき、「独立で十全な存在者〔在りつつあるもの〕の、すなわち神の、明晰で判明な観念」が私に現われ、そして「そのような観念が私のうちにあるということ」、言うなら「そのような観念を有する私が存在するということ」、この一つのことから、「神がまた存在するということ」、かくて「この神に私の全存在が個々の瞬間において依存するということ」をきわめて明瞭に結論するのであって、かくして人間の智能によってこれ以上明証的にまた確実に認識されうるものは何もない、と確信するほどである（53［09－18］）。このような「真なる神の観想」は他のさまざまな事物の認識へ到達するための道を拓くのであって、かくて神の観念は人間的知の全体の十全な根拠をなす、と言われうるのである（53［18－22］）。

以上の如く、私が知解するところの神は、一切の完全性を包含し、いかなる欠陥をも免れている神、諸学と知恵の源としての「真なる神」であるというのであれば、そのような「神が私をいつか欺くということのありえぬ」（53［23－24］）ことは明らかである。それというのも、あらゆる詐欺あるいは欺瞞のうちには何らかの不完全性が認められるからである（53［24－25］）。たしかに、〈全能であるならば欺くこともできなければならない〉という意味では、「欺くことができる」ということは「明敏あるいは力能の何らかの証拠である」といえるにしても、「欺こうと意志する」という場合には、それは唯ただ「邪意か弱さを立証する」ものでしかない（53［25－28］）。ここに言われる「欺瞞のうちに含まれる邪意」とは、「普通の人の理解に合せた」意味での邪意のことではなく、「もっと生のままで、人間には関係しない真理を表現する」「内的で〔つまり「私は思惟しつつある事物である」という相のもとでの〕形相的な」邪意のことである。[1] すなわち、ここに言われる邪意とは、〈完全性、言うなら存在者性〔在りつつあること性〕、言うなら実在性ないし肯定性、から離れている〉、という意味での邪意である。それというのも、「欺瞞の形相」とは「非存在者〔在りつつあるなきもの〕(non ens)」、すなわち「無、言うなら一切の完全性からこのうえなく離れているもの」（54［14－15］）であって、神、言うなら「至高の存在者〔至高の在りつつあるもの〕(summe ens)」がそれへと赴くことのけっしてありえぬものだからである。[2] かくして、〈神は欺くまいと意志する〉ということになるのであるが、そのことにおいては、〈欺かないという決定性、言うなら知性の完全性〉が〈欺くことも欺かぬこともできるという非決定性、言うなら意志の完全性〉と不可分離的に一なる事態である、ということが理解されねばならない。[3]「神におけるこのうえない非決定（summa indifferentia）は神の全能のこのうえもない証拠であって」[4]、〈欺くこともできる者として欺かない〉ということが重要なのである。〈欺かない〉ということが神に課されるのではない。〈欺かない〉ということがいわば自覚的に果されるのでなければならない。単に〈欺かない〉というだけならば、それは〈欺かない〉という完全性の一つが神に帰されるべき他の一切の完全性に複合されるようにして、私の思惟によって神に課されるということを語るものに他ならない。重要なことは、神に帰される一切の完全性の複合は当の複合の完全性をも含んでいなければならぬ、ということである。そのためには〈欺くまいと意志する〉ということによって、知性の完全性が同時に意志の完全性である、という事態にならねばならない。意志の完全性とは、単に〈欺くことも欺かぬこともできる〉という非決定の自由にのみ存するのではなく、当の非決定の自由が同時に、〈欺かない〉という知性の決定性（完全性）でもある、という事態にこそ存するのである。〈全能〉は同時に〈善〉であることによって〈全能〉であり、〈善〉は同時に〈全能〉であることによって〈善〉なのである。このように、神における絶対的非決定性と絶対的決定性とが同じ一つの事態であるということは、われわれ人間にとっては何か矛盾のように思えるかもしれないが、しかし、われわれの精神は「有限」であって、かくて〈神がわれわれの概念把握に矛盾することができる、ということをわれわれとしては否定できない〉（すなわち、われわれは事物を、神が真実可能であると意志した通りに、可能であるとして概念することはできるが、しかし、神が可能となしえたであろうが実際には不可能であることを意志した場合にもまた、可能であるとして概念することはできない、われわれはそのようなものとし作られている、ということ）のであって、「神の力能の広大無辺性を認識し、神の知性と神の意志とのあいだにはいかなる優越ないし優先も存しないことを概念する」ならば、神に関して右の如き矛盾した事態を思い描く必要はないのである。(5)〈神は欺瞞者でない〉ということは以上の如き意味において理解されねばならぬのである。

そうだとすれば、私が誤る(欺かれる)ということはけっしてありえないということになる。言い換えれば、私は自らのうちに神から受けとった「或る判断する能力」のあることを経験するが、神は私を欺こうと意志しないのであるかぎり、私がこの能力を正しく使用する際には誤ることはありえない、ということである(53［30］–54［03］)。実際、私のうちにあるいかなる能力にせよ私はこれを神から得るのだとすれば、そしてもし神は私に「過つ能力」を何ら与えなかったとすれば、私がいつか誤りうるとは思われないのである。そのように、私が唯ただ神についてのみ思惟し、私をまったく神に向けているかぎりでは、「何らの疑いも残らなかった」はずである(54［04–10］)。しかるに他方で、私は私自身の方に振り向くとき、私が無数の誤謬にさらされていることを経験するのである。そこで、そのような事態の由因するところを尋ねてみると、次のことに気づくのである。すなわち、私のうちには神(言うなら、このうえなく完全な存在者〔在りつつあるもの〕)の実在的で積極的な観念が見出されるばかりではなく、無(言うなら、あらゆる完全性からこのうえなく離れているもの)の或る消極的な観念もまた見出されること、かくて私はあたかも「神と無との、言うなら至高の存在者〔在りつつあるもの〕と非存在者〔在りつつあるなきもの〕との、中間者」の如きものとして位置づけられている、ということである(54［10–18］)。言い換えるなら、私が「至高の存在者から創造せられた」ものであるかぎりにおいては、私を欺いたり誤謬に誘ったりするものは私のうちに何もないのであるが、しかし「或る意味で(quodammodo)無に、言うなら非存在に、与る」かぎりにおいては、つまり「私自身が至高の存在者ではなく、かくて多くのものが私に欠けている」かぎりにおいては、私が誤るのも何ら驚くには当らないのである(54［18–24］)。したがって、そのかぎり誤謬とは「神に依存する何か実在的なもの」ではなくて、単に「欠陥」であるというにすぎぬものである。つまり、私が誤るには、この目的のために神から賦与せられた能力など必要ないのであって、却って、私が誤るという事態は、私が神から得ているところの「真を判断する能力」が無限なものではない、ということに帰因するのである（54［24－30］）。

そうだとすれば、誤謬は「純然たる否定（pura negatio）」（55［01］）として片付けてよいのであろうか。しかし、それではなお私は納得できないのである（54［31］）。なぜなら、私が誤るのは「或る意味で無に与る」（54［21］）かぎりにおいてであって、〈端的に無に与る〉からではなかったからである。「或る意味で無に与る」とは、「私のうちには神、言うならこのうえなく完全な存在者〔在りつつあるもの〕の、実在的で積極的な観念が見出され」ながらも（すなわち、私は「思惟しつつある事物」として神から産出されつつある結果でありながらも）、無に与る、という意味である。そうだとすれば、誤謬とは「純然たる否定」といわれるべきよりも、むしろ「欠如（privatio）」、言うなら、或る意味で（quodammodo）私のうちに在らねばならなかった或る認識の欠失」とこそいわれるべきである（54［31］－55［03］）。「或る意味で無に与る」とは〈私のうちなる在るべき完全性の欠在〉を意味するのである。したがって、「欠如」はあくまでも私から出来するかぎりでの作用そのもののうちに内在する事態であって、私が神から受け取った能力、ないし神に依拠するかぎりでの作用、のうちに内在する事態ではない（60［07－10］）。誤謬は積極的な意味で独り人間にのみかかわる事態なのである。逆説的に言うなら、神の本性に注意して神の側からみるかぎり、その類において完全でないような、すなわち元来在って然るべき完全性が欠如しているような何らかの能力を、神が私のうちに置いたということはありえない。製作者が完全であればあるほど、彼から出来する作品がいよいよ完全であろうことは明らかであって、神がこの私をけっして誤ることのないような者として創造することができたということにも、かくてまた神が常に最善のものを意志しているということにも、疑いはないのである（55［03－12］）。もし神が不完全な世界を創造したというのであれば、誤謬の説明は不要となろう[6]。そうだとすれば、「私が誤るということは私が誤らないということよりもいっそう善いことだ」などとどうして言えようか（55［13］）。

しかるに、実際には私は誤るのである。かくて、本来誤るはずのないように作られているこの私が何故に誤るのか、ということこそが問題なのである。この問題をいっそう注意深く考量するならば、まず、〈私が誤らぬことよりも誤ることの方が善い〉とみなす見解は、被造物の使命に思いをめぐらしつつ創造主の目的を尋ねるものである、ということが理解される。それというのも、私の本性がきわめて薄弱で制限されたものであるのに反して、神の本性は広大無辺であって、包括的に把握することはできないのであるから、神はその原因が私には知られないような無数のことを為しうる、ということは明らかだからである。したがって、私が神の目的を探求しうると考えるのは、向こう見ずとしか言われえないのであって、「目的という観点から引き出されるのを常とする原因の類の全体は、自然的事物においては何の役にも立たぬ」と断定せざるをえない（55［19－26］）。言い換えるなら、「自然的事物」の各々は〈それ以外では在りえない〉という必然性を具えて在るのである。重要なことは、被造物を、まず「純然たる否定」の相のもとで、その〈在るがままの姿〉において捉えることである。この条件のもとでのみ、〈私は誤る〉という事実は、「欠如」の相のもとでその本質を開示しうるのである。なぜなら、「神の作品」たる被造物をその〈在るがままの姿〉において捉える（言うなら、被造物を〈全ての完全性を有するわけではないもの〉として捉える、さらに言うなら、被造物を〈神によって産出されつつある結果としての観念的存在者（観念的な在りつつあるもの）〉として捉える）ということは、その各々を「分離して」みるのではなくて、その一切を「総体」としてみるということを要求する（55〔27－29〕）からである。「純然たる否定」の相のもとでは、〈いっそう大なる完全性〉に関しては、いかなる被造物も単に〈それ（いっそう大なる完全性）無しに在る〉というだけのことであって、〈それが欠如している〉というわけではない。つまり、被造物の各々は、被造物の「総体」のもとでその「部分という視点」から捉えられる（言うなら、「純然たる否定」の相のもとに「総体」として捉えられる被造物の各々は、観念的存在者として、それの有する思念的実在性によって区別されて、全体のなかの部分として位置づけられる）かぎりにおいて、完全だと言われうるのである（56〔01－02〕）。被造物の各々は〈それ以外では在りえぬ〉という必然性を具えて在るのであっても、なお〈観念的存在者（在りつつあるもの）〉として、〈他の何ものかなしには在りえぬもの〉たるべく、当の〈他の何ものか〉を自らの本性ゆえに必然的なものとして要求するのである。（なお、私が一切のものについて疑おうと欲して以来、これまでのところ神とこの私との他に何ものかの存在することが確実には知られていないとしても、神の力能の広大無辺性のゆえに、神によって他の多くのものが作られうるということが知解されるのであるから、「この私が事物の総体のうちに部分という視点を保持する」ということは、否定されえぬのである（56〔02－08〕）。）もしも被造物の各々が分離されて単独でみられるなら、あの「純然たる否定」の見地は斥けられて、〈観念的存在者〉は実在化され、かくてその各々に具わる完全性は実在的な意味で相対的なものとなり（つまり、神という最完全者の視点から切り離されたものとなり）、却って積極的に不完全性とみなされても不当ではなくなるであろう（55〔30〕－56〔01〕）。したがって、〈私が誤らぬことよりも誤ることの方が善い〉、と言わざるをえなくなるであろう。しかし、繰返すなら、問題なのは、本来誤るはずのないように作られているこの私が何故に誤るのか、ということである。そうだとすれば、誤謬の実相とはいかなるものであろうか。

第二節　誤謬の構造

私の誤謬（これのみが私のうちにおける或る不完全性を証すものである）は、同時に協働する二つの原因に依拠する。すなわち、「知性」（認識する能力）と「意志」（選択する能力、言うなら意志決定の自由）とである（56［09－15］）。それというのも、一方で、独り知性のみによっては私は単に「観念を知覚する」というにすぎないのであるが、その際、私のうちにそれについての観念が無いような無数の事物が存在するにしても、そのような事態は本来の言い方をするなら、「当の観念が私に欠如している」ということを意味するのではなく、単に「私は当の観念無しに在る」とのみ（つまり「否定」とのみ）解されるべきだからである。そのようにして、知性のみを厳密に考察するとき、そこには本来の意味での誤謬（認識の欠失）は見出せないのである（56［15－20］）。私は、被造物であるかぎり、あらゆる完全性を具えているわけではない、というのが被造物の被造物たる所以であって、それゆえ、神は私に与えたよりもいっそう大きな認識能力を与えるべきであった、ということを証明するような何らの根拠をももち出しうべくもないし、また、私は神のことをいかに老練な工匠と考えるにせよ、だからといって私は、神が自己の作品の一つ一つのうちに、その或るもののうちに置きうる完全性の全てを置くべきであった、とは考えないのである（56［21－26］）。しかし他方、意志もまた厳密に形相的にみられるならば、誤謬の原因とはなりえない。意志は「いかなる限界によっても局限されることがなく」（56［29］）、かくて「その類において完全」（58［16－17］）だからである。すなわち、私のうちには意志ほど完全な、意志ほど大きなものは何もないので、私には意志がさらにいっそう完全な、いっそう大きなものでありうるとは考えられない、ということである（56

［30］－57［02］）。知解する能力にせよ、想起する能力にせよ、想像する能力にせよ、あるいは他のいかなる能力にせよ、それらは私においてごく狭小で局限されていると同時に、私はそれらについていっそう大きな、かくて無限な、別の能力の観念を形成することができる。しかるに、独り意志のみは、言うなら意志決定の自由のみは、それ以上に大きなものの観念を形成できないほど大きなものである、と経験されるのであり、かくて、意志のうちに、私は自らが「神の或る像と似姿」を担っていると知解する根拠を認めるのである（57［02－15］）。たしかに、意志に結びついてその働きを有効ならしめる認識と力能（言うなら知性の力能）の広大無辺性、さらには意志の働きが及ぶ対象の広大無辺性、という観点よりすれば、私の意志は神の意志の比ではない（57［16－20］）。私にあっては「意志の決定に常に知性の知覚が先行しなければならない」（60［04－05］）のに対して、神にあっては、すでに述べた如く、意志と知性とのあいだにいかなる優越ないし優先も存しないのである。そのように、「意志決定の自由」について言えば、神におけるのと私におけるのとでは、その在り方が格段に異なっている。すなわち、神の意志が、作られたところのもしくはいつか作られるであろうところの全てのものに対して、永遠の昔から「非決定」でなかったということとは矛盾なのである。というのも、それら全てのものについては、それらがそうなるようにさせようと神の意志が自らを決定する前に、それらの観念が神の知性のなかにあったであろうようなものは、何も仮想できないからである。(7)神にあっては、知性における決定は意志における非決定と一つの同じ事柄なのである。これが真の意味で〈自覚的に為す〉という事態である。しかし、私にあっては神とは異なって常に区別してのみ捉えられる意志と知性とに関して、意志のみを分離して取り出して「それ自身において形相的にかつ厳密に」考察するならば、意志は神における方が私におけるよりも大きいとは思われないのである（57［20－21］）。なぜなら、意志の形相的根拠とは、「われわれが同じ一つのことを為すあるいは為さぬ（言い換えれば、肯定するあるいは否定する、追求

するあるいは忌避する）ことができるということに存する、というよりもむしろ、知性によってわれわれに呈示されるものを、われわれが肯定するあるいは否定する、言うなら追求するあるいは忌避するに際して、いかなる外的な力によってもそうするように決定されてはいないとわれわれが感ずるように、そのような仕方でわれわれが自らを赴かしゆくということに存する」（57［21－27］、傍点は引用者）からである。つまり、「私が一方の側にも他方の側にも動かされることができる」（すなわち、私は同じ一つのことを為すことも為さぬこともできる）という、いわゆる〈非決定の自由〉が問題なのではない。むしろ逆に、同じ一つのことを為すあるいは為さぬことができるという場合に「私が一方の側に傾けば傾くほど、ますます自由にその側を私は選択する」という、〈内発的同意の自由〉が問題なのである。「神の恩寵」（神による私の思惟の内奥の按配）にせよ、「自然的な認識」（真と善との根拠の明証的な知解）にせよ、それはこの内発的自由を強化し増大させこそすれ、けっして減少させることはない[8]（57［27］－58［05］）。そのかぎり、意志において私は神の或る似姿を担うと言いうるのである。

しかし、注意すべきは、私にあっては意志の形相的根拠が〈非決定の自由〉というよりもむしろ逆に〈内発的同意の自由〉に置かれている、ということである。神にあっては、意志の絶対的非決定性と知性の絶対的決定性とが同じ一つの事柄を意味するのであったがゆえに、これら二様の〈自由〉もまた同じ一つの事柄であると理解されねばならぬのであるが、これに対して、私にあっては、〈知性の知覚が意志の決定に先行する〉ように、知性と意志とは分離されて捉えられるがゆえに、右の二様の〈自由〉も相互に対立させられるのである。かくして、神と私とのあいだでは、意志の在り方が共通の面（内発的同意の自由という側面）をもつとともに、異なる面（非決定の自由という側面）をもつ、ということが理解される。このような事態は何を意味するのであろうか。

〈知性の知覚が意志の決定に先行する〉と言われるとき、それはわれわれ人間の知性が「対象に依存し、対象から切り離されえない[9]」ということを含意している。そこで、私における「非決定」の自由に関して言えば、それは〈為す〉と〈為さぬ〉という対立するかにみえる——かくて、〈観念的に〉区別されるにすぎない——働きを〈実在的に〉区別されたものとみなすこと、言うなら、働きを対象という仕方で限定すること、に依拠する事態である（あたかも、遠くから見た塔は〈円い〉とも〈円くない〉ともいわれうるが、それは塔の存在を絶対化して〈実在的に眺める——言うなら、塔の存在を根拠なく措定する——ためである、というのと同然である）。もし私が何が真であり何が善であるかを常に明晰判明にみるとしたならば、私は〈為す〉か〈為さぬ〉かと思案することはけっしてなかったであろうし、かくて私は「自由」ではあっても、けっして「非決定」である（〈為す〉ことも〈為さぬ〉こともできる）ということにはならぬであろう（58［10－13］）。したがって、「非決定」とは、働き（言うなら知性）の対象の不明瞭性・不分明性に起因する事態であり、そのようにして働きを対象という仕方で限定する事態を語るものに他ならない。内発的な同意が可能となるためには、対象の不明瞭性・不分明性を私の有する概念から排除せねばならない（これが働きの対象の存在を疑うことによって、働きを働きとして支持しようとする、〈方法的懐疑〉の意図するところであった）のであって、そのかぎり私は当の不明瞭性・不分明性そのものについての明晰な観念を形成している。対象が不明瞭不分明であるということはありえても、意志を同意へと傾かせるところの「形相的根拠」（意志の意志たる所以）が不明瞭不分明であるというわけではないのである。この「形相的根拠」と意志の対象（したがって、知性の対象そのもの）とは、明晰性・判明性に関してあくまでも区別されるべきであって、独り「形相的根拠」にこそ明晰性・判明性は要求されるのである[10]。この「形相的根拠」は「知性における大いなる光」に相伴われくる「意志における大いなる傾向性」において成り立っているのであって、かくして、或ることに対して私が「非決定」であることが少なければ少ないほど、それだけいっそう「自発的に」かつ「自由に」

そのことに同意するのである（59［01－04］）。したがって、「非決定」は「認識における欠陥、言うなら或る否定」（すなわち、働きの対象の不明瞭性・不分明性に起因する事態であって、働きの対象を根拠なく措定すること）を証すものであり、そのかぎり「自由のもっとも低い段階」と言われねばならぬのである（58［08－10］）。

しかし、注意すべきは、そのように「非決定」が「自由のもっとも低い段階」とされるのは、〈コギト〉を通して神の存在が証明されることによって〈明証性の「一般的規則」〉が確立された後でのことである。それ以前の段階では、「非決定」の自由こそは〈懐疑する自由〉のいわば本質を成していたのである。すなわち、われわれはきわめて大なる明証を前にするとき、「実際的に言えば」それと反対方向に向かうことはほとんどできないが、「絶対的に言えば」それが可能なのである。実際、そうすることによってわれわれの「意志決定の自由」を確証することが善であると考えるのであれば、明晰に知られた善を追求したり、明証的な真理を受けいれたりするのを差し控えることは常に可能なのである。[11] しかし、「知性の知覚が常に意志の決定に先行しなければならない」（60［04－05］）のであった。知性は〈働きを受ける〉のに対して意志は〈働きかける〉のであった。それゆえ、そのような〈知性の受動〉を〈一つの能動〉として捉え直そうとする努力、言うなら、知性の本質的な受動性をあばき出すと同時に、真の意味における〈知性の能動性〉を主題化しようとする努力、この努力が懐疑における〈非決定の自由〉によって担われたのであった。そのようにして、〈働きを受けるという働き〉、〈受動という能動〉が〈コギト〉として語られたのである。〈知性が即ち意志である〉ことを語る〈コギト〉の明証は特権的である。〈特権的〉であるというのは、当の明証が〈神の存在証明〉と相即しているからである。言い換えるなら、〈知性即意志〉という事態は、実は、「私は思惟しつつある事物」として、時間の瞬間毎に神によって開示されつつある（言うなら、神によって産出されつつある）〈結果〉に他ならなかったのである。〈結果〉（言うなら、観念）の相のもとでみられるかぎり、私の知性は有限な（つまり、対象に依存する）のであり、有限であるかぎり、たとえ〈内発的同意の自由〉のもとに意志は私に「神の或る似姿」を賦与するにせよ、「非決定」は「意志における完全性」を証すものではけっしてなく（58［08］）、却って「自由のもっとも低い段階」（私の知性の働きが有限であり、かくて対象に依存しているということによって、私の意志の働きは〈対象という仕方で限定される〉――〈為すことも為さぬこともできる〉という仕方で働きが働きの外側から眺められ、働きが働きとして支持されない――という可能性を排除し切れないということ、言うなら、〈内発的同意の自由〉が常に発現しているわけではないということ）と言われるべきなのである。これを逆に言えば、神にあっては知性はその絶対的決定性のもとに対象に依存するということがないがゆえに、そのような事態は「非決定」とも言われうるのであり（神は常に〈為さぬこともできつつあるものとして為す〉のであって、神の知性による決定は常に自覚的なものであるということ、言うなら、〈内発的同意の自由〉が常に発現しているということ）、かくて「非決定」は「神の全能のこのうえもない証拠」とされたのである。そのように、私にあっては、意志の働きが〈対象という仕方で限定される〉という事態を表現するものとして「非決定」が語られるのであるが、神にあっては意志の働きが〈働き〉として真実支持されるがゆえに、当の〈働き〉は「非決定」と言われる。実に、人間の自由には、神の自由に適合するところとは格段に異なる「非決定」が、適合するのである。(12)

そうだとすれば、〈非決定の自由〉においては、〈為す〉ことも〈為さぬ〉こともできるというよりも、むしろ〈為す〉あるいは〈為さぬ〉ことができるという事態がみられるべきである。〈為す〉ことに関して相対立するかにみえる二相は単に〈観念的な〉区別を容れうるものにすぎぬと考えられるべきである。意志は「ただ一つの事物としてのみ、そしていわば不可分なものとして」成り立っている（60［22－23］）がゆえに、その働きは常に一つのものである。しかし、働きを働きとして捉えるためには、通常は或る意味で働きを対象化せざるをえないがゆえに、当の働きは対立しあう相を介して表現せざるをえなくなるのである。あたかも円運動において、円周上には常に一個の運動があるが、この運動を変化として捉えるためにはどこかに中心を求めねばならぬのであって、その際、中心をはさむ円周上の運動は互いに対立するかにみえてくるにせよ、当の中心は何ものでもない、というのと同然である。対立するかにみえる二つの運動を隔てるものは〈何ものでもない〉如くに、それら二つの運動を何ものも隔てることはないのである。かくして、〈為す〉あるいは〈為さぬ〉という常に一つのものである働きは、却って〈為す〉ことも〈為さぬ〉こともできるという互いに対立するかにみえる二つの相を介して表現されるのであるが、そのような対立は〈何ものでもない〉のであり、〈観念的な〉区別にすぎないのである。そのような区別を〈実在的に〉みるならば(言うなら、行為の働きを対象という仕方で限定するならば、さらに言うなら、行為を対象化してその働きを働きの外側から眺めるならば)、「非決定」は「自由のもっとも低い段階」をすら斥ける〈反〉自由となろう。そのような事態こそは「意志を知性と同じ限界のうちに引き留めないで、私の知解していないものにまでも拡げる」ということに他ならない。まさにこのただ一つのことから、私の誤謬は生まれるのである(58［20−23］)。「意志は知性よりもいっそう広い射程を有する」(58［21］)のであって、かくて、意志が知性の射程を越えるとき、意志の「非決定」は〈観念的な〉相のもとに留まりえず、「容易に真と善とから逸脱し、かくて私は誤りもすれば罪を犯しもする」(13)ことになるのである(58［23−25］)。意志の「非決定」という事態にあっては、対象の根拠なき措定ということだけは何としても斥けねばならない。言うなら、知性の知覚した観念に具わる「思念的実在性」を活かしつつ対象を措定する、ということが重要なのである。

たとえば、かつて、何ものかが世界のうちに存在するかどうかを吟味すべく、私があらゆる事物の存在を疑ってゆき、かくてそのように疑いつつあるかぎり、その「私は存在するということが明証的に帰結する」ことに気づいたとき、実に私は「私がかくも明晰に知解するものは真である」と判断せざるをえなかったのであるが、これは「何か外的な力によって強要された」からではなく、却って「知性のうちにおける大いなる光から意志のうちにおける大いなる傾向性が生じ来た」からに他ならない。そのようなわけで、私がそのことに対して「非決定であることが少なければ少ないだけ、ますます私は自発的にかつ自由にそのことを信じた」のである（58［26］−59［04］）。しかるに今、私は「私が或る思惟しつつある事物であるかぎりにおいて存在する」ということを知っているばかりでなく、さらにまた「物体的本性の或る観念が私に現われている」という場合、「私自身であるところの思惟しつつある本性」がそのような「物体的本性」（言うなら延長）とは別ものであるかそれとも同一のものであるか、という疑問が生まれてくるのであるが、そのときそれらの意見のいずれか一方を私に説得するような何らの根拠も未だ知性に現われていないと仮定するならば、実に私はこの問題についていかに判断すべきか、まったく「非決定」であるということになる（59［05−14］）。とりわけ、この「非決定」は右のように知性がまったく認識していないものだけに及ぶのではなく、さらに一般的に、意志が考量しているまさしくそのときに知性が十分明白に認識していないもの全てにも及ぶのである（59［15−19］）。それというのも、どれほどもっともらしい推測であっても、それがあくまでも推測であって、確実な根拠を有するわけではないということを知るだけで、私の同意を反対の側へ押しやるに十分だからである（59［19−23］）。あの〈方法的懐疑〉はまさにそのような営みに他ならなかったのである。デカルトは以上の如く、われわれはこのうえない明証を前にしても絶対的な意味ではそれの反対に赴きうるという〈非決定の自由〉を有する、と考えるのであるが、この自由が積極的な意味で語られるのは、〈コギト〉を通しての神の存在証明が出現する以前の段階でのことである。そして、神の存在証明と同時に、〈非決定の自由〉

の積極的意味——常に〈為さぬこともできつつあるものとして為す〉ということ——は神に帰せられる（なぜなら、神にあっては、知性の決定性は意志の非決定性と相即しているからであり、それに対してわれわれにあっては、「知性の知覚が常に意志の決定に先行しなければならない」からである）。それゆえ、神の存在証明が出現した後においては、〈非決定の自由〉に執着するのは却って〈不決定〉ということであって、精神の弱さを証すものに他ならない。意志の形相的根拠は〈内発的同意の自由〉のうちにこそ存するのであり、かくて、「非決定は人間的自由の本質には属さない(14)」と言われねばならぬのである。

第三節　自由意志の正しい使用

以上の如く、デカルトによれば、私の誤謬は「意志は知性よりもいっそう広い射程を有するがゆえに、私が意志を知性と同じ限界のうちに引き留めないで、私の知解していないものにまで拡げる」、というこのただ一つのことに起因するのであった（58［20－23］）。しかしデカルトは他方で、意志が知性の射程を越え出たときに陥る「非決定」は、〈意志が考量しているまさにそのときに、知性が十分明白に認識していないもの全てにも及ぶ〉、ということを指摘していた。そうだとすれば、たとえ意志が知性の射程を越え出て、私が「非決定」に陥ったとしても、否、に「非決定」に陥ったがゆえに、判断を下すことを差し控えるならば、私は誤ることはないのである。しかし、まさ「非決定」であるがゆえに、肯定することも否定することも可能である。そのようにして、もし偽である側を肯定するならば、私は全面的に誤ることになるであろうし、またたとえ真である側を肯定したとしても、たしかに偶然に真理に行き当ることになるにしても、「意志決定の自由を正しく使用していない」という点で、依然私は罪を免れないであろう。なぜなら、「知性の知覚が意志の決定に常に先行していなければならぬことは、自然の光によって明瞭である」からである（59［28］－60［05］）。何が真であるかを十分明晰判明に知覚していない場合には、まず意志の「非決定」を行使して、私は判断を下すことを差し控える――言うなら、知性の明晰判明な知覚を先行させたうえで意志がそれに同意の決定を下すようにする――、というのでなければならぬのである。われわれは「第三省察」において「観念」を定義し分類した際に、思惟の形相としての観念に別の或る形相が付加されるところに、意志の所在をみた。そのようにして、知性が意志と区別されて捉えられるときには、知性の働きが意志の働きに常に先行するものとして分離されることを意味した。さらに言えば、知性は受動的に働くように、意志は能動的に働くのである。そうだとすれば、意志が知性の働きを無視して働くということは、知性の働きに「別の或る形相」を付加するかに思わせながら、実は却って、知性の働きそのものを〈複合する〉のである。知性は、対象的事物の「いわば像」を形成するのであるにもせよ、その働きの受動性のもとに事物そのものと何らかの関係を保持するのであるが、そのような知性を無視する意志は、対象的事物を無視するかのように、「いわば像」に何ものかを付加して〈複合し〉、事物を恣意的に作為するのである。そのような意志は、いわば〈仮象化された意志〉――〈恣意〉としての「非決定」――として、〈想像〉の別名に他ならない。それは「意志を知性と同じ限界のうちに引き留める」ということを、却って〈知性を意志と同じ射程にまで拡げる〉ようにして果す事態である。それゆえ、そのような事態にあっては、偶然に真理に到達することがありうるにしても、〈それの何故に真であるか〉を同時に語ることはないのである。

このような「自由な意志決定の正しからざる使用」のうちにこそ、「誤謬の形相」を構成するあの「欠如」が内在している（60［06－07］）ことは明らかであろう。「欠如」は、すでに詳述した如く、「私から出来するかぎりにおける作用そのもの」のうちに内在するのであって、「神から受け取った能力」のうちにも「神に依拠するかぎりにおける作用」のうちにも内在する事態ではない（60［07－10］）。無限に「多くのものを知解しない」ということは、有限な知性の有限たる所以であり、被造的知性の被造的たる所以であって、〈神が私に与えなかったものを私は神によって「奪われている［欠如せしめられている］（privatum）」〉と考えるべき謂われはない。私は、神が私に何ら負い目がないにもかかわらず授けてくれたものに対して、むしろ神に感謝すべきなのであって、神がいっそう大きな知解力、いっそう大きな自然の光を与えなかったことに不平を言うべき理由はまったくないのである（60［11－19］）。また、意志が「知性よりも広い射程を有する」ということは、意志がただ一つの事物として、いわば不可分であることを意味するのであって（意志のこのような特性は〈内発的同意の自由〉の一つの表現である。それゆえ、〈非決定の自由〉においても、それが〈自由〉に留まるかぎり、〈為すあるいは為さぬことができる〉と表現されるべきであって、〈為すことも為さぬこともできる〉といった、部分を含意するような表現は斥けられるべきである）、意志から何ものかが取り去られるといったことは、その本性上許されないことである。意志の働きの広大さについて苦情を述べるべきではなく、却って、それが広大であればあるほど、意志の本性にふさわしい（言うなら、〈内発的同意の自由〉を強化する）のである（60［20－25］）。なおまた、神はこの「意志の働き」を喚起して、私の誤謬を産み出すことにもなる「判断」を形成するために、当の私と協働している、と嘆いてもならない。なぜなら、意志の働きは、それが神に依拠するというかぎりにおいては、全面的に真かつ善であって、私がそれを喚起しうるということは、喚起しえないとした場合に比して、「或る意味で（quodammodo）私のうちにおけるいっそう大きな完全性」である、と言われるべきだからである（60［26－31］）。意志は、形相的にみられるなら、いかなる誤謬の原因ともなりえないことは、すでにみた。このことは、知性と協働して判断を形成するに際しても、同じである。知性との積極的な協働がもっとも少ない「非決定」の状態に陥っても、判断を差し控えるということによって、最低の段階とはいえなお「自由」を保持しているかぎり、あの「意志の働き」は喚起されるべきものなのである。

しかるに、「欠如」はといえば、独りこれにのみ「虚偽と罪過の形相的根拠」が存するのであるが、これはいかなる神の協働をも要しない（60［31］－61［02］）。それというのも、欠如は「事物ではなく」（言うなら、何ら実在的なものではなく）、かくてもしもその原因がもち出され神に関係づけられたなら、それは「欠如」（つまり〈奪われて在る〉）と言われるべきではなく、却って単に「否定」（つまり〈無しに在る〉）とのみ言われるべきだからである（61［02－04］）。実際、私は明晰判明に知覚していないものについて同意するあるいはしないことができるという〈非決定の自由〉を有するのであるが、そのような自由を神が私に与えたということは、「神における何らかの不完全性」を証すものではけっしてない（61［04－07］）。というのも、〈非決定の自由〉として「非決定」が「自由」に留まりうるためには、認識の欠けた不明瞭不分明な事態について〈同意するあるいはしないことが可能であるがゆえに同意しない（非決定となる）〉というのでなければならぬからである。したがって、その場合、〈同意する〉ことによって私が「自由を善用しない」ということにこそ、「私における不完全性」――言うなら、〈私のうちに在って然るべきであった完全性〉の欠失――が存するのである（61［07－09］）。私が自由を〈当然善用すべきときに善用しない〉ということは、「欠如」、言うなら〈私自身によって奪われているという事態〉なのであって、神に依拠する〈実在的な事態〉ではない。もしこの事態を神に依拠させるなら、先述の如く、それは「欠如」ではなく、単に「否定」とのみ言われるべきであろう。そのときには、あの「私における不完全性」は「神の完全性」を介してのみ理解される概念となって、むしろ〈私における完全性の無際限の度合（私の完全性は無際限に大きくも小さくもなりうるということ、言うなら、私はいっそう大きな完全性無しに在るということ、さらに言うなら、私は全ての完全性を有するわけではないということ）〉を意味するであろう。そのようにして、私の側における完全性のいかなる度の背後にも神の側の完全性のいわば〈しるし〉として、常に一つの「否定」が存するということになるのである。これに対して、「欠如」としての「私における不完全性」とは、〈一切の完全性からこのうえもなく隔っている事態〉であり、いわば〈無に与っている事態〉である。〈誤るかぎりにおける私〉が「神と無との中間者」として位置づけられたことの意味は以上の如きものであった。

　しかし、それでもなお問題が残る。すなわち、神ならば「欠如」という事態のけっして生じないようにすることもできたのではないのか。言い換えれば、神ならば私の知性に、私がいつか考量するであろう全てのものについて、明晰判明な知覚を賦与しておくこともできたであろうに。あるいは、明晰判明に知覚されていないものについては、私が同意を与えるということがけっして生じないように、神ならば按配することができたであろうに（61［09－17］）。たしかに、もし私が神によってそのような者として作られているのだとすれば、「私は、或る全体という視点を有しているというかぎりにおいては、現に在るよりもいっそう完全であったろう」と知解される（61［17－19］）。「私は或る全体という視点を有している」というのは、私は〈誤ることがない〉という一つの全体性に与るということ、つまり私からの一切の誤謬の排除によって得られる全体性に与ること、を意味している。しかし、そのように〈私は誤ることがない〉という予め意図された事態を想定するなら、私は〈誤る〉ことにおいていわば〈自らの自然を逸脱している〉ということになろうが、そのように意図された事態とは、〈私は誤る〉という事実にとっては外面的な規定にすぎない。つまり、〈私は誤る〉ということは〈私は誤らない〉ということに矛盾する事態として、常に排除されるべきものとされるのみであって、〈何故私は誤るのか〉ということを明らかにするものではないのである。実は、〈私は誤る〉という事態は、〈私は誤らない〉という事態と或る意味で同じように〈自然的〉なのであって（つまり、私は「神と無との中間者」として位置づけられているのであって）、私にとっては単に外面的な規定なのではなく、何がしかの真理を有しているのである。常に〈誤らない〉者として創造されていて、そのようにして「或る全体という視点」からみられるのであるかぎり、私は「現に在るよりもいっそう完全であったろう」が、しかし、それは神が私をそのように創造すべく決定されているという意味で、神の自由に反し、かくて神の完全性に反している。(15) 言い換えれば、〈私は誤らない〉という事態の必然性を絶対化するならば（すなわち、〈私は誤る〉ということが、〈私は誤らない〉ということに矛盾する事態として、常に排除されるべきものとされるならば）、当の事態を措定すること自体も必然的となる。もし〈神の自由〉を真実支持しようとするのであれば、〈私は誤らない〉という事態を必然的なものとして措定することと、そのように措定すること自体の必然性とはあくまでも区別されねばならない。そのような〈措定自体の自由〉が確保されることによって初めて、〈私は誤らない〉という事態が絶対的とみえる必然性を以て迫ってきても、なお〈私は誤る〉という事態を容れうるのである。言うなら、〈私は誤ることもありつつありうるものとして誤らない〉ということが重要なのである。その意味で、「私は事物の全総体においては、その或る部分は誤謬を免れていなくて他の部分はしかし免れているという場合の方が、全てがまったく似たり寄ったりであるとした場合よりも、或る意味で（quodammodo）いっそう大きな完全性がある、ということを否定することができない」（61［20－23］）のである。そのかぎり、神が私に世界のなかでもっとも主要で完全な役割を担わせようと欲しなかったからといって、私は訴えるべき何らの権利をも有しないのである（61［23－26］）。むしろ逆に、私は、〈誤ることもありつつありうるものとして誤らない〉ということにおいて、真に完全といえるのである。〈私は誤らない〉ことの、かくて〈私の完全性〉の、必然性を絶対化するならば、そのような完全性の〈在るべからざる否定〉としての〈私は誤る〉という事態は最完全者たる神の存在を無媒介的に措定することになろう（すなわち、〈私は誤る〉という事態が〈私は誤らない〉という事態に矛盾する、かくて排除されるべき事態であるということによって、〈私は誤らない〉という事態を必然的なものとして措定することが、そのように措定すること自体の必然性を意味する、ということになろう）。そうだとすれば、「私は誤るということは私は誤らないということよりも、いっそう善いこと」だということになろう。神の完全であることを無媒介的に措定するということは、神の欺瞞者でないことを説明するための手続きとして、人間の側の誤謬を要請する（つまり、〈私は誤らない〉という事態を必然化したうえで、〈私は誤ることもありえた〉という、可能的事態をいわば付加することによって、私の存在の偶然性を語ろうとする）、ということでしかないであろう。それは、神にあって、意志の「非決定」の自由なる完全性が斥けられて、独り知性の絶対的決定性なる完全性のみが語られる、ということを意味することになろう。そのような事態を少なくとも肯定することはできないのである。〈私は誤らない〉という望ましい事態がいかに必然的でありえても、その〈必然性〉は、〈私は誤る〉という事実がいわば支持されて主題化されるかぎり、なお偶然性によって裏打ちされている（言うなら、私は誤ることもありつつありうるものとして誤らない）のであって、まさにそれゆえに、〈私は誤らない〉ということにおいて「自由」が証されるのである。このような事態が「或る意味で」完全性を示すものであることは、少なくとも「否定することができない」のである。

かくして、われわれは「考量せられるべき全てのものの明証的な知覚に依存するという仕方で」（つまり、〈絶対的に誤らない〉という仕方で）誤謬を回避することはできないにせよ、「事物の真理が明白でないその度毎に判断を下すことを差し控えねばならぬことを想起することのみに依存するという仕方で」誤謬に陥らぬようにすることが可能なのである（61［27］－62［02］）。それというのも、たとえわれわれは同じ一つの認識に粘り強く注意を傾けることができないという「弱さ」を有するにせよ、しかし、入念な省察を繰返すことによって、必要ある度毎にその認識を想起し、かくて「誤らない或る習慣を獲得する」ようになることはできるからである（62［02－07］）。そして、その点にこそ「人間の最大の、かつ主要な完全性」は存するのである（62［08－09］）。繰返して言えば、判断を下すに当って、知性によって明晰判明に示されるもののみにしか及ばぬように、意志を制限しさえするならば、私が誤るということはまったく生じえないのである（62［12－15］）。なぜなら、全て明晰判明な知覚は疑いもなく「或るもの（aliquid）」（すなわち、実在性、完全性、存在者性ないし肯定性に与るもの）であって、したがって「無」（すなわち、在りつつあるなきもの）から出てきたものではありえず、却って「神」（すなわち、このうえない存在者〔在りつつあるもの〕、言うなら、このうえなく完全な、かくて欺瞞者であることとは相容れない神）を作者として有しているがゆえに、疑いもなく真であるからである（62［15－20］）。そうだとすれば、判断を下すに際して、意志決定の自由の正しい使用が開示されるということこそが、確実な認識への道程においてはこのうえもなく肝要なのである。

V　第五省察「物質的なものの本質について、そして再び神について、神は存在するということ」

第一節　物体的事物の観念

過ぐる「省察」のなかで私は「私の精神の本性」について、また「神の属性」について幾らかのことを究明し（究明すべき点はなお多く残されているとはいえ）、さらに「誤謬」について論じて「真理に達するためには私は何を避くべきでありまた何を為すべきであるか」に気づいたのであるから、今や、これまでその存在が疑われていた「物質的事物」について何か確実なものを手に入れうるかどうかを吟味することが緊要なことと思われる（63［04－11］）。そして、そのためには、そのような「物質的事物」が私の外に存在するかどうかを調べるに先立って、「当の事物の観念を、それが私の思惟のうちに在るかぎりにおいて」考察し、それら観念のうちいずれが判明でありいずれが不分明であるかをみてゆかねばならない（63［12－15］）。

物質的事物の内容を考えるとき、私が「判明に想像する」ものは、連続量としての三次元的延長と、その部分における数、任意の大きさ、形状、位置、場所的運動、さらには運動における任意の持続である（63［16－21］）。これらのものは、そのように一般的に考察するとき私にはよく知られていて分明であるというだけでなく、また少し注意を傾けるなら私はさらに、形状や数や運動その他これに類するものについて、無数の特殊的な事柄を知覚するのであって、そのような事情はあたかも、それらを初めて発見するときにも何か新しいことを学ぶというよりも、むしろ以前に知っていたものを想起するかの如くに思われるほどであり、言うなら、以前から私のうちに存していたのであるが精神の眼を向けてはいなかったところのものに、今初めて気づくかのように思われるほどである（63［22］－64［05］）。

右の如き真理の現われ方、言うなら私の本性への真理の適合の仕方において、もっとも注目すべきことと思われるのは、「たとえ私の外におそらくはどこにも存在しないにしても、それでも無であるとは言われえない、或る事物の無数の観念」を、私は自らのうちに見出すという事実である。それらの観念は、「たとえ私によって或る意味で随意に思惟されるとはいえ、私によって作為されるのではなく、却って自己の真にして不変の本性を有している」のである（64［06－11］）。たとえば、私が三角形を想像するという場合、そのような図形がたとえ私の思惟の外部の世界にはどこにも存在せず、またかつて存在したことがなかったとしても、当の図形には「不変にして永遠なる或る一定の本性、言うなら本質、言うなら形相」があって、それは「私によって作為されたのでもなければ、私の精神に依拠するものでもない」、といった具合である（64［11－17］）。そして、このような事態は、当の図形についてさまざまな固有性――たとえば、その内角の和が二直角に等しいこと、その最大角には最大辺が対応すること、等々――が論証されうる、ということからも明らかなのであって、これらの固有性は、以前私が三角形を想像したときにはけっして思惟されることがなかったとしても、今では欲すと否とにかかわらず明晰に認知されるところであり、かくて私によって作為されたものではないのである（64［17－24］）。

しかしまた、これらの固有性が「私の精神に依拠するものではない」としても、それは当の図形の観念が〈外来的な〉ものであるということを意味するのではない。それというのも、私はおよそ感覚を介して入り来たとは思われないような無数の図形――たとえば、幾何学者によって考察されるような図形――を考え出すことができるからであって、しかもそれらの図形について三角形の場合に劣らずさまざまな固有性を論証することができるのである（64［25］－65［02］）。それらの固有性の全ては、私によって明晰に認識されるものである以上は、たしかに「真」であり、かくて「或るもの」（つまり、実在性、完全性、肯定性、ないし存在者〔在りつつあるもの〕性に与っているもの）であり、かくてまた「純粋の無」（つまり非存在者〔在りつつあるなきもの〕）ではない。それというのも、「全て真であるものは或るものである」ということは明らかだからである。そして、「明晰に私が認識するものの全ては真であり」、必ずや神を創作者として有しているということは、すでに論証されたところでもある。否、たとえ論証されていなかったとしても（つまり〈コギト〉の現実の働きのもとでは、あの〈明証知の「一般的な規則」〉は暫定的なものであるにせよ有効なのであったから(1)）、明晰に知覚するかぎりそれらの固有性に同意しないわけにはゆかぬというのが、私の精神の本性なのである。このことは以前に感覚の対象に執着していたという場合にすら認められる事態であって、私は図形や数について、あるいは一般に「純粋にして抽象的な数学」に属するものについて、明証的に認知された真理を、あらゆる真理のうちでもっとも確実なものとみなしていたのである（65［02－15］）。或る図形を実際に目にしているときでも、その図形の観念は感覚を介して入り来るわけではない。当の図形を構成する直線は感覚的にはけっして厳密な直線を成しているわけではなく、たとえば拡大鏡を用いて吟味してみれば、きわめて不規則な線でしかないことが明らかとなる。そのような意味で、たとえばわれわれが目にする三角形は、幾何学者によって考察される如き、「真の三角形」ではない。感覚される図形のうちに「真の三角形」が含まれるのは、唯ただ「あたかもメリクリウスの像が粗削りの木塊のうちに含まれているのと同じ仕方で」のみ、のことである。われわれの精神は、〈感覚される三角形〉という、「真の三角形」よりもいっそう複合的な図形に目を向けながら、当の複合的な図形そのものを見るのではなく、「真の三角形」をいわば思い起すかのようにそれに同意するのである。(2)

かくして、純粋数学の対象とするところの物体的本性は、「作為観念」でも「外来観念」でもなくて、「生得観念」であるということが明らかとなる。すでに神の観念に関して考察したように、〈観念がわれわれに生得的である〉ということは、〈観念がわれわれに常に顕在している〉ということを意味するのではなく、単に〈われわれが自らのうちに観念を喚起する能力を有している〉ということのみを意味した。数学的真理に関しても事情は同じであって、当の真理は、もっとも容易に理解しうるもののみならず、もっともわかりにくいものに到るまで全てが、「いかなる感覚の経験もなしに、自ら自身の智能（ingenium）の力によって」認識できるような本性のものなのである。(3)真理の〈認識〉がむしろ〈想起〉になぞえられたのは、その〈権利上の先在性〉を語るものに他ならず、それが〈前以て認識されている〉ということを何ら要求するものではないのである。(4)このような〈権利上の先在性〉は、単に観念の〈外来性〉を斥けるという点において、いっそう具体的になる。観念に関して〈自己の真なる、(5)不変なる、永遠なる本性（言うなら形相）〉が認められるということは、当の観念においては一切の完全性が不可分離的に統一されていて、(6)それに何ものかを付加したり何ものかを引き去ったりすることができぬ、ということを示すものである。そのように、観念が自らの「固有性」として或る堅固な構造を提示するということは、当の観念が私の思惟から取り出されるにもかかわらず私の思惟には依存しないという点で、私の精神における或る意味での受動性を語っている。それは「外来観念」に関して認められるような、端的な意味での受動性ではない。つまり、観念が由来するところの事物を知性の外部に措定しているというのではなく、観念が自らの帰属すべき事物を、たとえ当の事物が知性の外部に存在することを私が未だたしかには知らないとしても、措定している、ということである。[7] そのような事物の本質は、現実に存在するいかなる事物からも取得されたものではないにもかかわらず、虚偽ではなく、かくて無であるとは言われえぬものなのである。そして、全ての事物の本性がそのような性格のものであるというのではないが、少なくとも数学的本質についてはそのような性格を否定することができない。数学的本質が全ての事物の本性に適合するというのではないとしても、そのような事態は当の本質にとっては「外的な命名」にすぎず、当の本質を少しも変更するものではないのである。[8] かくして、純粋数学の対象であるかぎりにおける事物について、その本質ないし本性に属すると私が明晰判明に知解するところのものは、当の事物そのものについて真理を以て肯定されうる、[9] と言われねばならないのである。

第二節　神存在のア・プリオリな証明

数学的本質についての右の如き反省から（すなわち、「唯ただ、私が事物の観念を私の思惟から取り出しうるということだけから、当の事物に属すると私が明晰かつ判明に知覚する一切は、実際に当の事物に属するということが帰結する」ということから）、われわれはもう一度、しかも異なる仕方で、神の存在証明へと導かれることになる（65［16－20］）。すなわち、私が「このうえもなく完全な存在者〈在りつつあるもの〉」としての神の観念を、いかなる図形もしくは数の観念にも劣らず、私自身の思惟から取り出しうるということは確かであって、かくて私は、「常に存在するということが神の本性に属している」ということを、或る図形もしくは数について論証されるところのものが当の図形もしくは数の本性にも実際に属しているということを認めるという場合に劣らず、明晰判明に知解するのである（65［21－26］）。すでにみた如く、〈明晰判明な知覚の全ては必ずや神を創作者として有していて、かくて真である〉ということがたとえ論証されていなかったとしても、私が明晰判明に知覚するかぎりは、いずれにせよそのものに同意せざるをえないというのが、私の精神の本性なのである。そうだとすれば、先立つ論証によって得られたところを考慮しなくても、「私においては、神の存在は数学的真理がこれまで有していたのと少なくとも同じ程度の確実性を有している」と言われねばならぬであろう（65［27］－66［01］）。

しかし、右の如き立論は一見するところおよそ分明というわけではなく、却って「或る種の詭弁の観を呈している」（66［02－03］）。なぜなら、私は神以外の全ての事物において「存在を本質から区別する」という習慣がついてしまっているために、神の存在もまた神の本質から切り離すことができるとみなして、「神は存在しつつあるなきもの（non existens）として思惟されうる」と容易に信じこんでしまうからである（66［04－07］）。とはいえ、先入見から解放されて、神の本性を「いっそう注意深く考察する」ならば、神の存在が神の本質から分離されえぬことは、あたかも三角形の本質からその内角が二直角に等しいことが分離されえず、あるいは山の観念から平地の観念が分離されえない、というのと同然なのである。それゆえ、「存在を欠いている（すなわち、或る完全性を欠いている）神（すなわち、このうえなく完全な存在者〔在りつつあるもの〕）を思惟することは、平地を欠いている山を思惟することと同じく、矛盾なのである」（66［07－15］）。

しかしながら、右の「矛盾」はあくまでも比喩上の問題でしかない。すなわち、当の「矛盾」は神に関しては絶対的であるが、山と平地に関しては絶対的とは言えないのである。なぜなら、私はもちろん平地なしに山を思惟することはできないのであるが、しかし、そのように私が山を平地とともに思惟するからといって、そのことから、何らかの山が世界のうちに在るということは帰結しないからである。私が神を存在しつつあるものとともに思惟する、ということに関しても右と同じことが言えるであろうか。一見するとそのように思える。というのも、「私の思惟は事物にいかなる必然性をも課さない」からである。山と平地との〈不可分離性〉は、あくまでも〈私の思惟にとっての不可分離性〉にすぎぬのであって、そこから山の現実の存在を帰結するものではないのであるが、それと同じように、神と存在しつつあるものとの〈不可分離性〉もまた〈私の思惟にとっての不可分離性〉に他ならぬのではないか。実際、たとえいかなる馬も翼をもってはいないにしても翼をもった馬を想像することは差し控えないというのと同じように、私はもしかすると、たとえいかなる神も存在してはいないにしても、神に対して存在を虚想することができるかもしれないのである(66[16-25])。否、「詭弁」はそのような比喩のうちにこそ潜んでいる(66[26])。それというのも、平地とともにでなければ山を思惟しえないということからは、どこかに山と平地とが存在するということは帰結しないで、却って、「山と平地とは、それが存在するにせよ存在しないにせよ、互いに切り離されえない」ということが帰結するのみであったが、しかるに、「存在しつつあるものとしてでなければ神を思惟しえないということからは、存在は神とは不可分離的なものであるということ、したがって神は実際に存在するということ」が帰結するからである(66[26]-67[05])。要するに、神の観念とそれ以外の全ての観念とのあいだでは、「可能的存在」と「必然的存在」との区別の入念な考察が「要請」されるというのである。(10)

「必然的存在」を「可能的存在」から入念に区別して、これを「神の観念」に帰属させるということ、言い換えるなら、〈神にあっては存在を本質から分離することができない〉ことを認識するということ、これが〈神の存在をア・プリオリに証明する〉ということに他ならない。そのような「必然的存在」を神に帰属させるべく、デカルトは「自己原因」なる概念(すでに少しく触れた如く、この概念は『省察』本文のなかでは、自明であるがゆえに説明不要のものとして、潜勢的に表明されていた)を援用する。そのためには、まず、「このうえもなく完全な物体」の観念のうちにすら「存在」は〈可能的〉なかたちでしか含まれない、ということを入念な考察によって把握しなければならない。すなわち、「このうえもなく完全な物体」の観念は、私の知性によってあらゆる物体の完全性を結び合わせることによって抱懐されるものであるが、「存在」はそれらの完全性について肯定することも否定することも等しく可能なのである。[11] 言い換えれば、当の物体が〈存在するにせよ存在しないにせよ〉、その観念における一切の完全性の結合は抱懐されうるのである。それはあたかも、どれほど二直角に等しい内角の和とともにでなければ三角形を思惟することができないにせよ、あるいはどれほど平地とともにでなければ山を思惟することができないにせよ、当の三角形や山には「必然的存在」が属さない、ということと同然なのである。ところで、そのように、「このうえもなく完全な物体」の観念のうちにすら「存在」は〈可能的〉なかたちでしか帰属しない、ということは、「物体のうちには自己自身を産出する、言うなら保存する、ためのいかなる力もないことを私が知覚する」、ということから結論される。[12] 或る物体が〈自己自身によって在る〉ということは、すでにみた如く、消極的に〈原因なしに在る〉という意味でしかなかった。物体が他のいかなる事物にも俟つことなく〈自己自身によって在る〉という事態は、積極的に〈自らに由因して在る〉ということを語るものではなく、言うなら、当の物体を〈現時点において保存している〉原因を語るものではなく、却って、そのようないかなる原因も認知されないということを示すにすぎぬものであった。物体が〈現に今在ることの原因を語る〉ということは、実は、当の物体を〈かつて産出した原因を尋ねて無際限に溯行する〉ということに他ならなかった。そしてそのような〈無際限の溯行〉という事態は、当の物体が産出されるのを妨げるような何ものかのありうることを否定しえない、ということを示すものである。[13] かくして、物体の「存在」は、唯ただ〈生成〉の相のもとでしか知解されえぬがゆえに、「可能的存在」としか言われえぬのである。

そうだとすれば、「必然的存在」を帰結するのは「自ら自身を産出する、言うなら保存する、力」を知解することにおいてである、ということになる。「存在するためにいかなるものの介助をもけっして必要としなかったし、そしてまた、今も保存されるためにそれを必要としない、かくて或る意味で自己原因であるといえるほどそれほど大いなる汲み尽せない力能がそのうちにあるような或るもの」[14]としての神にこそ、「存在」は〈必然的に〉帰属するのである。神が「或る意味で自己原因」であって、自らとは別個のいかなる原因をももたないということは、すでにみた如く、〈神が被造物を保存するのと同じように積極的な作用によって自ら自身を保存する〉ということを意味するのではなく、〈神がそのような保存者を必要としないことの原因としての力能（言うなら本質）の広大無辺性が積極的な事物である〉ということを意味した。そのようにして、「事物そのものの必然性、すなわち神の存在の必然性」が「存在しつつあるものとしてでなければ神を思惟することができない」ように私を決定するのである（67［06－08］）。すなわち、翼のある馬を想像することも翼のない馬を想像することも私の自由になる（それは私の思惟によってもたらされる事態であるから）のとはちがって、「存在を欠いた神（すなわち、このうえない完全性を欠いたこのうえなく完全な存在者（在りつつあるもの））」を思惟することは私の自由にはならないのである（67［08－11］）。

なおまた、次のように考えてもならない。すなわち、「神は一切の完全性を有する」ということを私がいったん想定してしまうと、「存在は完全性のうちの一つである」から、「神を存在しつつあるものとして」私が措定することは必然的となるのであるが、しかし、第一の措定（「神は一切の完全性を有する」という措定）は必然的なものではなかった、それはあたかも、全ての四辺形は円に内接すると考えねばならぬ必然性はないが、しかしいったんそのように考えるのだと措定してしまうと、私は必然的に菱形は円に内接すると認めざるをえなくなるであろうが、これは明らかに偽である、というのと同然である、とこのように考えてはならない（67［12－19］）。なぜならば、神の力能すなわち本質の広大無辺性とは、「たとえいつか神について私が何ごとかを思惟するに到ることは必然的ではないにしても、しかし、第一にしてこのうえもない存在者〔在りつつあるもの〕について思惟し、そしてこの存在者の観念をいわば私の精神の宝庫から引き出すことが起る度毎に、当の存在者に一切の完全性を帰属させることが必然的である」（67［19－24］、傍点引用者）、ということを意味するからである。それはあたかも、私が何らかの三角形をいつか想像すべきことは必然的ではないが、しかし、私が三つの角をもつ直線図形を考察しようと欲する度毎に、私が当の図形に、その内角の和が二直角に等しいということを、たとえその際私はまさにそのことに注意していないにしても、正しく推論せしめるような特性を属せしめるべきことは必然的である、というのと同然である（67［28］－68［02］)。〈一切の〉完全性を〈全体として同時に〉帰属させる必然性が問題なのであって〈神の「存在」とは〈一切の完全性の結合の仕方の完全性〉を意味するのであって、かくて一切の完全性はア・プリオリに、言うなら必然的に、神の「存在」に帰属するのである)、したがってその際、完全性の〈全てを枚挙する〉とか、完全性の〈一つ一つに注意してゆく〉とかする必要はない（67［24－25］)。もしそのような〈必要〉を主張するなら、一つ一つの完全性を複合するようにして全体化をはかることによって一切の完全性を理解する、ということになろう。それは〈私の思惟が事物に課する必然性〉を語るものに他ならない。そのようにして形成される〈全体〉なる概念は明晰判明な観念とは言われえない。「円に内接する全ての四辺形」が「菱形」によって矛盾概念であるということは、「円に内接する全ての四辺形」という〈全体〉的概念が、〈枚挙〉に基づく複合によってしか到達されえぬ概念であるということ、枚挙の無際限性を無限性にすりかえることによって不明瞭不分明になった概念であるということを語るものである。実はしかし、完全性の真なる概念にあっては、新たに完全性に気づくということは、唯ただ完全性の観念がより判明になるということのみを意味するのであって、完全性そのものが増大することを意味するのではない。いかなる完全性に気づくにせよ、それが完全性であると知解するということは、いかなる完全性も不可分離的であると知解するということに等しいのである。したがって、神の完全性のうちに未だ気づかれないものがあり、かくて「神を非妥当的に（inadaequate）しか概念していない」としても、そのことは「神の本性は可能的である、言うなら矛盾を含意しない」ということを阻むものではない[15]、と言われねばならない。神の本性が可能的であると認識することは、神の本性を明晰に探査したと真実肯定すること（すなわち、神の本性のうちにある全てのものの〈結び目〉をも明晰に知覚していること）に他ならず、かくてまた、神の本性には必然的な存在が帰属するということを認識することでもある。というのも、「矛盾を含意するもの、言うなら不可能性」は、唯ただ「相互に対立する観念を不当に結合する概念」のうちでのみ成り立つ事態であって、「知性の外部に存する事物」のうちにはおよそ存在しえぬからである。或るものが知性の外部に存在するとするならば、まさにそのこと自体からして、それが矛盾を含意せず、かくて可能的なものである、ということは明らかである[16]。事物はいずれも存在することが可能であって、相互に矛盾し合うことはない。しかるに、観念にあっては、相互に異なっていてもそれぞれ別個のものとしては矛盾し合うことのない事物を結合してしまうことがあるのであって、そのようにして、それらの事物から一つの事物を作り出し、矛盾を生ぜしめることになるのである[17]。観念は、たとえ個々別々には明晰であっても、結合されれば明晰でなくなることにもなる[18]。観念の不明瞭性に起因して概念における矛盾は生ずるのであり、かくて明晰判明な観念のうちには矛盾を含意するものはけっしてありえないのである。したがって、「私が明晰かつ判明に知覚するものの他は何ものをも認容しようと欲しないかぎりは」、たとえば〈円に内接する全ての四辺形〉といった概念は「偽なる措定」として斥けられねばならい（68［03－08］）。あるいはまた、たとえば、ライオンの頭が山羊の胴体に結びつけられていることをどれほど明晰に想像してみても、そこからキマイラが存在するということは帰結しない。それというのも、われわれはそれら頭と胴体とのあいだにあるいわば「結び目」を明晰に知覚するわけではないからである。[19] それら二つの事物は知性の外部にあっては矛盾することなく存在しうるのであるが、観念において結合されるなら、当の観念は不明瞭となり、かくて「存在」は帰結されえなくなるのである。

かくして、神とはあらゆる完全性を残らず（すなわち、あらゆる完全性の結合の仕方の完全性をも含めて）自らのうちに含んでいるもののことを言うのであるから、神の本性のうちに在ると知覚される全てのものを、それがどれほどわずかなものであれ、明晰判明に知解しさえすれば、そこには「必然的存在」が含まれているということに気づかぬわけにはゆかなくなるであろう。そのような必然性こそは「後になって、存在は完全性であることに私が気づくとき、第一にしてこのうえもない存在者〔在りつつあるもの〕が存在する、と私をして正しく結論せしめるのにまったく十分なのである」（67［25－28］）。重要なことは、真に現実的な、真に無限なる〈全体〉の概念に比するなら、潜勢的な完全性の全てを無際限に枚挙していって形成されるような〈全体〉の概念は、〈一切の完全性の結合の仕方の完全性〉までもは含まぬがゆえに、「存在」を〈必然的に〉含みえず、かくて、明晰判明性に関して欠けるところがあるかぎり「偽なる措定」であると言わざるをえぬ、ということである。この種の「偽なる措定」と「私に生具する真なる観念」とのあいだには「大きな相違」が存するのであって、後者の第一にして主要なものこそは「神の観念」なのである（68［07－10］）。実際私は、「神の観念」が「私の思惟に依存するところの何か虚構的なもの」ではなく、却って「真にして不変なる本性の似像」であることを、多くの仕方で知解するのである（68［10－12］）。すなわち、まず第一に、独り神を除いては、その本質に存在が属するような他のいかなる事物をも、私は考え出すことができぬ、ということである（68［12－14］）。神の本質には存在が属するということ、言い換えるなら、神の本性は存在しつつあるものとしか考えられぬということ、それは〈神のうちには或る意味で自己原因であるといえるほどそれほど大いなる汲み尽せない力能がある〉ということを意味した。「自己原因」とはいわば〈自己が自己を産出しつつある〉という事態であるが、その際、神は〈産出されつつある自己〉を〈自己の結果〉として所有するのではない。神の「本質」ないし「力能」とはまさに〈働きつつある働き〉なのであって、〈産出という働き〉の相のもとにみるかぎり、〈結果〉という視点は斥けられねばならない。〈結果〉という視点を取るときは、〈働き〉のいわば外に出るようにして（言うなら、働きそのものを止めて）、〈産出〉を対象化して眺めることを意味するのである。そのように、〈結果〉という視点を斥け、〈働きつつある働き〉という相のもとでみられるかぎり、神は〈不変なる本性〉を有すると言われうるのである。ついで第二に、その本質に存在が属するような神ならば、それを複数知解することができぬ、ということ、かくてまた、そのように〈一なる神〉が存在するとするならば、それは必然的に永遠の昔から存在したしまた永遠の未来にわたって存続しもするということは明らかである、ということである（68［15－18］）。神とはあらゆる完全性を残らず自己のうちに含んでいて、それらの完全性の全てが不可分離的に統一されているようなもののことを言うのであったから、そのような神は〈唯一〉であるべきである。もし複数在るとしたら、それは〈このうえなく完全な〉神ではないことになろうから[20]。なおまた、そのように一切の完全性が不可分離的に統一されているのであれば、完全性におけるいかなる増大も不可能であって、かくてそのような不可分離的な統一は〈真なる無限〉の表現なのである。神にあっては、私がいかなる完全性に気づくにせよ、完全性の何であるかを知解することは、いかなる完全性も不可分離的であると知解するということに等しいのである。言い換えるなら、神の観念は、被造物の完全性が増大させられることによって〈次第に形成される〉のではなく、無限であってもはやいかなる増大も不可能であるような存在者に私が精神によって触れるということから、〈全体として同時に形成される〉のである。その意味で、神はまた、持続を超えて（〈持続を否定して〉ではなく）永遠である、とも言われねばならぬのである。最後に第三に、私は神のうちに、何一つ引き去ることも変えることもできぬところの多くの他のものを知覚する、ということである（68［18－20］）。そのような事態は、右に述べたが如き〈一切の完全性の不可分離的な統一性〉に鑑みて、自ら明らかであろう。実に、「統一性、単純性、言うなら神のうちにある一切のものの不可分離性は、神のうちにあると私の知覚する主要な完全性の一つ」なのである（50［16－19］）。

第三節　物体的観念の被造性

以上の如き「省察」から明らかなことは、神に関していかなる証明の根拠を用いるにせよ、常に帰着するところは、「唯ただ私が明晰判明に知覚するもののみが私を全面的に納得せしめる」、ということである（68［21－23］）。そのように明晰判明に知覚されるもののうち、或るものは自らにして識られるようにして誰にでも手軽にわかるのであるが、しかし、他のものはいっそう近くからの観察と入念な探査を介してでなければ発見することができない。しかしそれでも、発見されるに到ったのちは後者も前者に劣らず確実であるとみなされるのである（68［23－27］）。たとえば、直角三角形において、底辺上の正方形は他の二辺上の正方形の和に等しいということは、その底辺がこの三角形の最大角に対しているということほどには、容易に明らかにならないけれども、しかし、前者もいったん知られたのちには後者に劣らず信じられる、といった如くにである（68［27］－69［03］）。そうだとすれば、明晰判明に知覚されうるものは全て、現実的に意識されうるというかぎりでのみ、潜勢的に在りうるのだということになる。逆に言えば、知覚されうるものの全てが現実的に意識されねばならぬという必然性はないということである。知覚されうるものの全ては〈全体として同時に〉措定されるのであって、それゆえ、そのうちの或るものにひとたび気づくや、いわば必然的に気づいたかのように（つまり、この必然性は偶然性に裏打ちされているということである）思い起されるのであるが、しかしそうだからといって、それに気づかねばならぬという絶対的な必然性はない。そのような絶対的な必然性を肯定するということは、潜勢的なものを全て枚挙していって、現実的なものの全体を構成する、という事態を語るものに他ならない。しかし、そのような事態のもとでは、〈現実的な全体〉は、それに無際限に近づきうるとはいわれても、けっして到達されることのないものである。それにもかかわらず、〈全体〉が到達されたものであるかのように敢えて語るならば、当の〈全体〉は明晰判明に知覚されていないものを受け入れる「偽なる措定」と言われねばならない。それはあたかも、すでに指摘したことではあるが、〈全ての四辺形は円に内接する〉ということが必然的であると恣意的に措定することによって、〈菱形は円に内接する〉ということを必然的と認めねばならぬことになる不都合と、同然である。観念の相のもとで事物を恣意的に不当に結合し、かくてその「結び目」を明晰判明に知覚しないという事態は、厳に斥けられねばならない。そのような不明瞭性不分明性のもとでこそ、可能的存在にすぎぬもの（つまり、たとえば〈円に内接する全ての四辺形〉は〈菱形〉が存在するがゆえに可能的存在でしかない、かくて〈全ての四辺形〉は真に〈全ての〉とは言われえないからである）を必然的存在であるかに思いなし、その結果として真の意味での必然的存在を見誤る、という「詭弁」が生まれるのである。必然的存在は、知覚されうるものの全てが全面的に（つまり、知覚されるもの同志の「結び目」をも含めて）明晰判明であるような観念のもとでのみ、知解されうる。しかもその際、〈知解される〉ということに〈或る意味での必然性〉（つまり、偶然性に裏打ちされた必然性、知覚されぬこともありつつあるものとして必然的に知覚されるということ）を伴うが、当の必然性は〈知覚されねばならぬという絶対的な必然性〉を斥けるのである。別の言い方をするなら、〈存在〉は、存在論的には、あらゆる完全性を結びつけて完全性を単一化する「結び目」の如きものである（つまり、無限者の〈或る意味での先なる知覚〉において常にすでに触れられていなければならぬ「結び目」である）が、しかし、認識論的にはむしろ、諸々の完全性をその都度統合する「結び目」として現われるのであって、いわば完全性が気づかれる度毎に肯定されるのである。そして、被造物としての有限者はそのように神の必然的〈存在〉にその都度与るようにして、その実在性が支持されるのである。かくして、有限者にあっては〈存在〉は〈本質〉（言うなら観念）から区別されて可能的なものでしかありえず、これに対して〈存在〉が必然的に帰属する「神の観念」こそは「私に生具する真なる観念の第一にして主要なもの」（68［08－10］）と言われうるのである。

「神の観念」の以上の如き性格からして、もし私が先入見から解放されていて、感覚的事物の像によって私の思惟が占有されていなかったとすれば、神ほど容易に識られうるものはないと言われねばならない。その本質に存在が属するのは独り神のみであること、独り神のみに存在は必然的に帰属すること、このこと以上に自らにして識られ、このこと以上に明白なことはないのである（69［04－09］）。ここで重要なことは、神の本性に必然的な存在が属するという事態についての明晰判明な知解は、あくまでも「神の何たるかを充分精密に探査したのち」に初めて可能であるということであり[21]、そのようにして「先入見から解放された人々」にとってのみ当の事態は「自らにして識られうる[22]」ということである。そのためには、神の本性に関する「注意深い考察が必要だった」（69［10－11］）のであり、言うなら「このうえもなく完全な存在者（在りつつあるもの）の本性を観想することに長くかつ繰返し沈潜する」ことが要請されたのである[23]。このことは、神存在のア・プリオリな証明はそのア・ポステリオリな証明によって基礎づけられねばならぬ、ということを語るものである。神存在のア・プリオリな証明とは、そのア・ポステリオリな証明そのもののうちに開示される、神が「或る意味で自己原因」であることの〈認識〉である。〈証明〉とは〈認識〉（つまり、有限者の完全性を支持しつつ、無限者を権利上要請すること）であって、単なる〈想定〉（つまり、有限者の否定による無限者の措定）ではない。しかも、「自己原因」なる概念は通常の意味での「作用原因」の批判的分析を通して権利上立てられるものであるがゆえに、〈証明〉ないし〈認識〉の原理が神に先立つことを拒斥する。神は自らが存在することの原因ないし理由そのものを作出するようにして存在するのである。これが「自己原因」としての神存在の〈ア・プリオリな証明〉の意味するところであり、またここに後述する〈永遠真理被造説〉が色濃く影を落しているのである。

このようにして、神の本性には必然的存在が属するということについてのこのうえもなく確実な知解を手にした今は私は、さらに他の事物の確実性がまさにこのことにまったく依存しており、そのことを離れては何ものもけっして完全に知られえないほどである、ということに気づくのである（69［11—15］）。そうだとすれば、その本質に存在が必然的には属さず、かくて本質と存在とが区別されうるような事物をいかに把握すべきかということも、明らかであろう。

すでにみた如く、物体的事物の観念に関しては、このうえもなく完全な物体においてすら、その存在は可能的にしか含まれていなかった。物体に関しては、〈自らに由因して在る〉ということが、積極的に「自己原因」としては解されず、却って唯ただ消極的に「無原因」としてしか解されえぬためであった。しかし、そのように存在から区別されて本質のみの相のもとでみられるとき、少なくとも純粋数学の対象となるような物体的本性に関しては、神の観念の場合と同じような構造が認められた。たとえば、すでに指摘した如く、私が何らかの三角形をいつか想像することは必然的であるというわけではないが、三つの角のみをもつ直線図形を考察しようとする度毎に、私はこの図形に、たとえその内角の和が二直角よりも大ではないということに未だ注意を向けているわけではないにせよ、そのことを正当に推論せしめるような性質を属せしめるべきことは必然的である。あるいはまた、直角三角形において、底辺上の正方形が他の二辺上の正方形の和に等しいということは、その底辺が最大角に対応するということほど容易には識られないにせよ、いったん識られるに到ったのちは、前者は後者に劣らず信じられるのである。このように、物体的事物の観念は「生得的」であって、自らに帰せられるべき一切の完全性を〈全体として同時に〉含んでいるのである。しかしそれでも、「存在」という完全性（言うなら、全体として同時に含まれる一切の完全性の結合の仕方の完全性）だけは必然的なかたちで含まれていない。それゆえ、物体的事物の観念において知覚されうるものの全てが全面的に明晰判明であるというわけではない。かくして、私はたしかに〈明晰判明に知覚しつつあるかぎりではそれが真であると信じないではいられない〉という本性を有するのであるが、しかし、私が神を識らず、かくて必然的存在の何であるかを知解していないかぎり（つまり、全体として同時に含まれる一切の完全性の「結び目」をも明晰判明に知覚していないかぎり）、私は明晰判明に知解すべく同じ一つの事物に精神の眼を常に据えおく、ということができない本性のものでもある（69［16－20］）。それゆえ、以前に下した判断の記憶がしばしばもどってくるのであって、当の判断の根拠にもはや注意を向けない場合には、別の根拠がもち出されることになり、その根拠は、もし私が神を識らなかったならば、容易に先の私の意見を捨てさせるであろう。そのようにして、私は何ごとについても真にして確実な知識を有することはないであろう（69［20－26］）。かくして、たとえば、私が三角形の本性を考察するという場合、その内角の和が二直角に等しいということが明らかとなり、その論証に注意しているかぎり、私はそのことを真であると信じないではいられないのであるが、しかし、精神の眼をその論証からそらした途端（それというのも、私は同じ一つの論証に精神の眼を据えおくことができないような本性のものであったから）、たとえ私がなおそのことを明晰に洞察したことをいかに想起するとしても、もし私が神を識らないとすれば、そのことの真偽について疑いを抱くということが容易に生ずるのである（69［26］－70［04］）。というのも、私はきわめて明証的に知覚すると思うものにおいてすら時として誤るような本性のものであるということを、とりわけ、〈私が真であり確実であるとみなしたもので、あとになって他の根拠によって偽であると判断し直すに到ったものが、数多くあったということを想起するときには〉、十分に納得することができるからである（70［05－09］）。

右の如き立論のなかで注目すべきは、〈私は明晰判明に知覚しつつあるかぎりではそれが真であると信じないではいられない〉という本性と、〈私は明晰判明に知覚すべく同じ一つの事物に精神の眼を据えおくということができない〉という本性との、二つの本性が並置されている、という点である。このような事態は、〈私の知覚〉が〈等質的な時間の経過〉の相のもとで果される、ということを語るものである。〈本性〉の前者のもとでは、〈私は知覚しつつある〉という〈固有の瞬間〉が語られるべきであるにもかかわらず、却って、〈等質的に経過する時間の単なる先端〉が語られているにすぎない。したがって、〈本性〉の後者のもとでは、時間とは〈等質的に経過する、常にすでに過ぎ去った時間〉に他ならぬ、ということが語られているのである（とりわけ、右に引用した〈70［05－09］〉を参照）。したがってまた、そのような等質的時間の経過のもとでは、或る判断の根拠に対しては別の根拠をもち出すことが常に可能である。等質的時間とは瞬間の固有性を奪われた時間に他ならぬからである。しかるに、もし〈コギトの現実の働きのもとにある私〉が神を識ったなら、言うなら、もし私が神の本性には必然的存在が属するということを明晰判明に知解したなら、さらに言うなら、もし私が神は「或る意味で自己原因」であるということ、かくて私は神の〈連続創造〉のもとに在るということを知解したなら、あの並置して語られた二つの〈私の本性〉はただ一つの本性として語り直されねばならない。すなわち、私は〈同じ一つの事物に精神の眼を常に据えおくことのできないものでありつつあるものとして、現実に明晰判明に知覚する〉ような本性のものである。そのかぎり、私が明晰判明に知覚しつつある瞬間瞬間は固有の瞬間となりうる。かくて、またそのかぎり、私は「神は欺瞞者でない」ことを知解し、そこから「私が明晰にかつ判明に知覚する全てのものは必然的に真である」と論決することができる（70［11－13］）。そうだとすれば（つまり、神の存在を識っている今では）、私は、たとえそのことを論決した根拠にもはや注意を向けていないにしても、かつて明晰判明に洞察したということを想起しさえすれば、そのことを疑うべきいかなる反対の根拠をももち出すことができず、却って、私はそのことについての真にして確実な知識を有することになるのである（70［13－18］）。否、単にそればかりではない。「私がかつて論証したと記憶するところの他の全てのもの」についても（たとえば、幾何学上の真理やこれに類する事柄についても）、同じことが言われうる（70［18－20］）。私が明晰判明に知覚しつつある瞬間瞬間は固有の瞬間であったから、個々の記憶もまた各々に固有の時間を具えているのである。かくして、私は分明に知解するものにおいては誤りえないということを、繰返し述べねばならない（70［21－23］）。これも繰返しになるが、私がかつて真であり確実であるとみなしたもので、あとになって偽であると気づくに到ったものが数多くあるではないか、と反論する者がいるなら、そのようなものは全て明晰判明に知覚したのではなく、却っておそらくは、右の明証知の規則を知らなかったために、錯誤によってそのように信じたのである、と答えねばならない（70［23－28］）。さらには、私は夢を見ているのだ、と反論する者がいるかもしれない。しかし、すでに明らかなように、私が神を識っているかぎり、言うなら、私が〈コギト〉の現実の働きのもとに在るかぎり、私が目覚めていようと眠って夢を見ていようと、

「もし何らかのものが私の知性に明証的であるならば、このものはまったく真である」、と言われねばならぬのである（70［28］－71［02］）。

ところで、「神は欺瞞者ではない」ということから「私が明晰にかつ判明に知覚する全てのものは必然的に真である」と論決されたとき、重要なことは、〈真なることの必然性〉は〈私にとって真であるということの必然性〉を意味するのであって、〈真なることを措定するということの必然性〉を意味するのではない、ということである。そのことによって、真理を措定することの自由が神に留保されるのであり、かくて必然性の前者は本質的に偶然性を容れうるのである（実際、私の本性は〈同じ一つの事物に精神の眼を常に据えおくことのできないものであり、つつあるものとして、現実に明晰判明に知覚する〉が如きものであった）。数学的本質が「生得観念」であるということは、それの有する必然性が神に依存しているということを意味するのであるが、当の本質が「不変にして永遠である」のは、唯ただ「神がそのように意志したがゆえに、そのように按配したがゆえに」のみなのである[24]。神はその創造においていかなる原理にも服することなく、かくて事物の本質の秩序を課せられるということもないのである。もし課せられるというのであれば、そのことはまさに「神についてジュピテルかサチュルヌについての如く語り、神を三途の川や運命に服従させるもの[25]」に他なるまい。かくて、「神にあっては、意志すること、知解すること、創造することは、その一が他に観念的にすら先行することなく（ne quidem ratione）、一つである[26]」、と言われねばならぬのである。このいわゆる〈永遠真理被造説〉のもとに語られる、創造に際しての神における知性と意志との〈絶対的な（ne quidem ratione）一致〉は、同じ神における本質と存在との〈絶対的結合〉にかかわるがゆえに、この「第五省察」において展開された〈神存在のア・プリオリな証明〉そのものの表現とみなすことができよう[27]。神における無限の意志は相反するものに対峙した無関心（indifferentia）を担う無限の力能として、言うなら絶対的非決定性として、存在の秩序の表現であるのに対し、無限の知性は相反するものにおける一の排除による他の措定を担う現実的卓越性として、言うなら絶対的決定性として、本質の秩序の表現である。このような相対立する事態の同時的存立が、〈観念的区別〉をすら容れることなく、〈絶対的一致〉において理解されねばならぬのである。知性と意志との〈一致〉を、その一を他へ還元することによって概念するということが禁じられることは言うまでもない。還元可能であるということはいずれか一方に優越性を認めたことになるからである。しかし、還元が禁じられるにしても、〈観念的区別〉は避けようがない。現に今、他ならぬ〈一致〉を語るべく〈知性〉と〈意志〉という二つの呼名を用いて論じているということが、すでに〈観念的区別〉を引きいれていることになるのである。しかし、そうだからといって、いかなる表現も斥けられるということではない。およそいかなる〈区別〉であれ、区別されるもののあいだには、一を以て他を説明するという関係が不可避的につきまとう。そして、説明可能性は優越性と不可分である。そうだとすれば、いかなる優越性をも引きいれることのないような観念的区別とは〈矛盾〉という関係であろう。厳密な意味での〈矛盾〉は、一は他と区別されなければ存立しえぬにもかかわらず、区別されるや両者とも存立しえなくなる、という事態であって、それは〈区別が同時に自らを斥ける〉という構造的な関係である。かくして、〈絶対的に一致している〉神における二つの本性は、他方では互いに〈いわば矛盾している〉(われわれにとっては矛盾しているとみえる)、ということも認められねばならなくなる。〈矛盾〉を前にするとき、われわれは直ちに〈矛盾の排除ないし解消〉へと移行しようとするのであるが、〈矛盾〉に踏み留まるかぎり、それは〈観念的区別〉をすら排除する〈絶対的一致〉の表現なのである。かくして、相対立する事態の同時的存立を拒否しようとする〈矛盾律〉はわれわれに対して必然性を課するもののようにみえるが、当の必然性は絶対的なものではないのである。言い換えるなら、そのような〈必然性〉は〈矛盾律を立てること自体の必然性〉を意味するのではないのである。或る事態が必然的であることを意志するのと、当の事態を意志することが必然的であるのとは、論理的には区別されるべきだからである。(28) したがって、矛盾律を偽とすることもできたというような、われわれがそれを不可能と判断することなしには思い浮かべることのできぬような、〈明証的矛盾〉の存することを認めねばならない。(29) したがってまた、矛盾には相対立するものが互いに完全に排除しあう根拠を有するものと、そうでないものとが認められるはずである。前者は〈完全性〉をその根拠とするもので、これを〈絶対的矛盾〉ないし〈自己矛盾〉と呼ぶならば、後者は完全性を〈直接的には〉根拠にすることのできない、かくて不完全な事物相互のあいだに認められる〈相対的矛盾〉ということになろう。(30) かくして、神の二つの本性のあいだに存するかにみえた矛盾（権利上絶対的に一致しているがゆえに事実上矛盾しているかにみえること）とは、神はその本性の各々が自己矛盾を排除する絶対的矛盾律にいわば従うかのように、相対的に矛盾するものを超えている――相対的に矛盾する事態にあるものを排除する（本質の必然性を語る）ことも保存する（本質の偶然性を語る）こともできる――ということの表現に他ならない。別の言い方をすれば、われわれは事物を、〈神が真実可能であると意志した通りに、可能なるものとして〉思い描くことはできるが、しかし〈神は可能となしえたであろうが、実際にはその逆のことを意志した場合にもまた、可能なるものとして〉思い描くことはできない、われわれはそのような者として創られているということになろう。(31) われわれは〈神は、可能であると私の知覚する一切を、為しうる〉と断言するのであるが、しかし〈神は、私の概念するところに矛盾することを、為しうる〉ということを敢えて否定しないのであって、ただ〈そのようなことは私にとって矛盾を意味する〉と言うに止めておくというわけである。

　かくして、われわれにとって真理とは常に〈受け入れられるもの〉であって、そのかぎりいわば〈永遠の〉真理である。存在を考慮することなく、唯ただ本質の相のもとでのみみられるかぎり、かくてたとえ夢のなかにおいてみられるのであるにせよ、われわれの知性にとって明証的である一切のものは確実に真なのである。そして、そのように真理は永遠的な必然性のもとに明証的に捉えられるのであるにしても、しかし、物体的事物の本質からは必然的に存在を引き出すことはできず、かくてその真理はわれわれの思惟の外部なる存在に対しては純粋な可能性に留まっている。物体的事物はその本質の相のもとでは〈存在しうる〉にせよ、それが直ちに〈現実的に存在する〉ということを意味するのではない。観念の相のもとで知解された事態を事物それ自体においても妥当するとみなすこと、かくて〈私にとって真であることの必然性〉を〈真なることを措定するということの必然性〉にすり替えること、は厳に禁じられねばならない。物体的事物を構成する数学的本質は神の自由な創造に依拠するものとして、根源的に偶然的である。神における〈知性と意志との絶対的一致〉は、われわれのうちなる数学的観念から存在をア・プリオリに論決するということを、禁ずるのである。言い換えるなら、われわれがその存在を捉える一切の事物は悉く神の自由な創造に成るものであり、そのような創造に依拠しないようないかなる事物をも思惟することはできないのである。(32)

そうだとすれば、物体的事物の現実的な存在そのものは、人間知性の外部に、人間的知性とは独立に――言うなら、神による永遠真理の自由な創造の相のもとで――、改めて基礎づけられねばならぬことになろう。そしてそのことを通して、数学的本質に具わる根源的偶然性の意味が明らかにされるであろう。しかし、少なくとも、明晰判明に知解されるところの数学的観念に従って把握される一切のものは、物体的事物について必然的に妥当するのであり、そのかぎり、「一切の知識の確実性と真理性はもっぱら真なる神の認識に依存する」、と言うことができるのである(71 [03－09])。

VI 第六省察「物質的事物の存在、ならびに精神と物〔身〕体との実在的な区別について」

第一節 物質的事物の本質規定

デカルトは「第五省察」における〈神存在のア・プリオリな証明〉を通して、「物質的な事物が、純粋数学の対象であるかぎりにおいては、存在しうる」(71 [14−15]) という確信を導いた。デカルトの証明した神は、〈明晰判明知の規則〉を保証する誠実な神であり、かくて、われわれが明晰判明に知覚しうる一切のものを創り出すことのできる神であった (71 [15−18])。かくして、われわれの知性にとって明証的である一切のものが、物質的事物の世界においてその本質を構成するものとして存在する、ということになる。われわれは、物質的事物に関して明晰判明な観念を有するかぎり、当の事物が「実際に存在することを未だ確実には知らないとしても」、それが「存在しうる」ことを確信しうるのである。[1] しかしながら、物質的事物はその本質の相のもとでは「存在しうる」にせよ、そのことが直ちに〈現実的に存在する〉ということを意味するというわけではない。観念の相のもとで知解される事態を事物それ自体においても妥当するとみなすことは、禁じられねばならない。物質的事物についての真理は、たとえ永遠的な必然性のもとに明証的に把握されうるのであるにせよ、われわれの知性の外部なる存在に対しては、純粋な可能性に留まっている。言い換えれば、物質的事物を構成する数学的本質は、神の自由な創造に依拠するものとして（つまり、〈永遠真理被造説〉のもとに把握されるものとして）、根源的に偶然的であるということである。その本質に具わる必然性はなお或る偶然性を容れうるものであることが認められねばならない。かくて、「私は、いかなるものでも神によって、それを私が判明に知覚することは矛盾であるという理由による他は、けっして作られえぬことはない、と判断」するのである（71［18－20］）。すなわち、すでに述べたところを繰返すなら、私は〈神は、可能であると私の知覚する一切を、為しうる〉と断言するのであるが、しかし、〈神は、私の概念するところに矛盾することを、為しうる〉ということは敢えて否定しない、ただ〈そのようなことは私にとって矛盾を意味する〉と言うに止めておくのである。かくして、物質的な事物の〈現実的な存在〉そのものは、人間的知性の外部に、人間的知性とは独立に、言うなら神による永遠真理の自由な創造のもとに、基礎づけられねばならぬのである。

第二節　想像作用に依拠した〈物体の存在証明〉

デカルトは知性の外部なる物質的事物の存在へと通ずる途として、まず「想像」的能力を問題にする。それというのも、われわれは物質的事物に心を向ける場合には想像の能力を用いることを経験するのであるが、そのような経験にあって「想像」とは何であるかをいっそう注意深く考察してみると、それは「認識能力にまざまざと現前するところの物体、したがって存在するところの物体、へのこの能力の或る適用に他ならない」、ということが明らかになるからである（71［20］－72［03］）。そこで、この「適用」の特質をいっそう明瞭にするために、デカルトは「想像作用」と「純粋知性作用」とのあいだにある相違を吟味する（72［04－05］）。たとえば、三角形に関して言えば、私はそれが三つの線によって囲まれた図形であることを「知解する」というだけでなく、同時にまた、「それら三つの線をあたかも現前しているものであるかの如く精神の眼によって直観する」のであって、これが「想像する」と称される事態である（72［06－10］）。この事態の意味するところをさらに明らかにするために千角形を例にとるならば、私はそれが千の辺から成る図形であることを「知解する」ことはできても、三角形の三つの辺と同じようにその千の辺を「想像する」こと（すなわち、「あたかも現前するものの如くに直観する」こと）はできないということがわかる（72［10－15］）。たしかに、私には物体的な事物を思惟する度毎に何ものかを想像する習慣があるので、千角形の場合にもおそらく私は何らかの図形を不分明に思い浮かべるであろうが、しかし、その図形が千角形でないことは明らかである。なぜなら、その図形は、私が万角形とか他のいかなる多角形とかについて思惟するときに思い浮かべる図形と、何ら異なるところがないし、またその図形は、千角形を他の多角形から区別せしめる固有性を認知するのに、何の助けともならないからである（72［15－23］）。そうだとすれば、「想像する」に際しては私は対象を「あたかも現前しているものであるかの如く精神の眼によって直観する」と言われたときには、それは〈精神の働きを対象という仕方で規定する〉という事態であると解されねばならない。或る図形を「知解する」（言うなら、或る図形の〈観念を形成する〉）という場合には、いわば当の図形の全体に常にすでに触れているようにして、当の図形を構成する各々の辺をその〈固有性〉を活かしながら直観してゆくのである（そのようにして直観する働きが〈働き〉として支持されるのである）が、「想像する」という場合には、各々の辺が対象として（つまり事物の像として）受け入れられて（言うなら、当の像に向けられたかぎりでの精神そのものを象る、つまり観念を形成する、ということがなく）、各々の辺の固有性が奪われ、かくていかなる辺も全て〈いわば等質的な辺〉として直観されるのである。かくして、〈精神の働きが対象という仕方で規定される〉という事態にあっては、精神の直観は或る点までは明晰でありえても、それを超えると不分明にならざるをえない。「想像」によっては、無数の辺を「包括」することはできても「通覧」することはできないのである。[2] ところで、そのように〈明晰な直観〉から〈不分明な直観〉に移行するに際しては、「心の或る特殊な緊張」を要するということが明白に認められる。そして、この「緊張」は「知解する」ためには私の用いないものである（72［28］－73［02］）。精神の働きを〈働き〉として支持するという観点よりすれば、「想像」のもとではたとえば千角形と万角形との区別がつかないように、三角形と五角形との区別すらもついていない（それというのも、各々の図形を構成する各々の辺の固有性が奪われているのであるから）のであるから、この「心の特殊な緊張」は「想像」のもとでは常に感じられるべきものなのである。かくて、「この新たな、心の緊張こそは、想像作用と純粋知性作用とのあいだにある相違を明晰に示している」、と言えるのである（73［02－04］）。

そうだとすれば、この「想像する力」は、「知解する力」と異なるものであるかぎり、私の精神の本質にとって必要なものではない、ということになるであろう。というのも、たとえ「想像する力」が私に欠存しているとしても、私は依然として現に在るのと同じ私のままであって、全体としての私を明晰判明に知解することができるからである。そうだとすればまた、「想像する力は私とは別個の何らかの事物に依存している」ということが帰結するように思われる（73［05－10］）。すなわち、「何らかの物体が存在していて、それに精神が結合されており、かくて精神はそれをいわば洞見することに随意に自らを傾注しうる」というふうになっていたなら、「物体的事物を私が想像する」という事態の説明がつく。言い換えれば、精神は「知解する」際には「或る意味で自らを自ら自身へと振り向けて、精神そのものに内在する観念の或るものを注視する」のであるが、しかし「想像する」際には、「自らを物体へと振り向けて、自らによって知解された観念か、あるいは感覚によって知覚された観念か、に符合する或るものを物体のうちに直観する」のである（73［10－20］）。そのようにして、「もしほんとうに物体が存在するのであるならば」、想像作用が成り立つと言われうるであろう。想像作用を説明するのにこれほど好都合な仕方は他に思い当らないので、「私はそこから蓋然的に、物体は存在する、と推測する」ことができるであろう（73［20－23］）。しかし、それはあくまでも「蓋然的」な推測であって（73［24］）、必然的な帰結ではない。「想像する力」の働きにおいては、精神が自らに結合されていると想定される或る物体の方へと自らを傾注させる作用があって、そのことが〈或る特殊な緊張感〉を説明するのであるにせよ、精神は自らの外部なる物体の存在を単に虚構しているにすぎぬのかもしれないのである。想像のうちに見出される物体的本性についての判明な観念は、けっして物体そのものの現前を指示するものではなく（73［24－28］）、そのかぎり、精神の側での混乱した働きに帰されねばならぬのである。

第三節　感覚の再検討

そこで次に、デカルトは「感覚」を問題にする。私は純粋数学の対象であるところのこの物体的本性の他にも、色、音、味、苦痛、その他これに類する多くのものを想像するのを慣わしとするのであるが、しかしこれらのものは物体的本性ほど判明には想像されず、むしろ感覚によっていっそうよく知覚される（言うなら、感覚から記憶の助けによって想像作用にまで達したように思われる）からである。つまり、これらの可感的性質についていっそう適切に論じるためには、同時に感覚についても論じなければならぬのであり、かくて私が「感覚」と称するこの思惟の仕方によって知覚せられるところのものからして、物体的事物の存在を証明するべき何らかの確実な論拠を得ることができるかどうかを検討してみなければならぬのである（74［01－10］）。

ところで、感覚の知覚は懐疑にかけられたのであるが、まず第一に、以前に真とみなされていた感覚的知覚にはいかなるものがあるか、またそれは何故に真とみなされたのかを振り返り、ついで、その感覚的知覚が疑われたのは何故であるかを検討し直し、最後に、私自身ならびに私の起源の作者をいっそうよく知り始めるに到った今は、感覚的知覚について私は何を信ずべきであるか、を考察することにしよう（74［11－16］）。

まず第一に私は、「私がいわば私の部分、あるいはもしかするといわば私の全体とさえ、みなしたこの物体」としての身体を構成するところの、頭、手、足、その他の肢体を有することを感覚した（74［17－20］）。つぎに私は、そのような物体（としての身体）が他の多くの物体のあいだに介在して、それらの物体からあるいは都合好く、あるいは都合悪く、さまざまな仕方で触発されうることを感覚した。そして私は、都合の好い触発を或る種の快楽の感覚によって、都合の悪い触発を苦痛の感覚によって、量っていたのである。なおまた、快楽と苦痛の他にも、私は私の内部において飢えや渇きやその他この種の欲求を感覚したし、さらには、喜びや悲しみや怒りやその他これに類する情念に向かうところの、或る身体的傾向をも感覚した（74［20－27］）。他方、私の外部の物体においては延長と形状と運動との他に、それに結びつけられるさまざまな性質を感覚し、それらのもののさまざまな変化によって物体を相互に区別していたのである（74［27］－75［05］）。そして、それら全ての性質の観念を感覚したとき、その感覚たるや本来的で（言うなら、実に生き生きとした）無媒介的なものであったために、私は私の思惟とはまったく別の或る事物を、すなわち当の観念が出来してくるところの物体そのものを、感覚すると考えたのも理由のないことではなかった。なぜなら、「私はそれらの観念が何ら私の同意なしに私のもとに到来することを経験した」からであり、それゆえ、もし対象が感官に現前していなかったならば、私はこれを感覚しようと欲しても感覚しえなかったし、また現前していたときには、感覚すまいと欲しても感覚せざるをえなかったからである（75［05―14］）。なおまた、感覚によって知覚された観念は、私自身がすすんで意識的に省察をこらして作り出した観念のいずれよりも、あるいは私の記憶に刻みこまれた観念のいずれよりも、「はるかにいっそう生気があって鮮明であり」、そして「それなりにいっそう判明でもあった」（つまり、物体としての身体が他の多くの物体のあいだに介在して、それらの物体からあるいは都合よく、あるいは都合悪く触発されるという、その側面においてはいっそう判明でもあった）から、当の観念が私自身から出て来るということはありえないと思われもしたのであって、そのような観念は何か他の事物から到来する他はないとしか考えられなかったのである。しかも、そういった事物については、まさにそれらの観念そのものによる他は何も知るすべがなかったので当の事物がそれらの観念に類似している、と自然に信じこんでしまったのである（75［14―23］）。そのうえ、感覚の使用は理性の使用よりも先立っていたということを思い起すとき、そしてまた、私の自ら作り出した観念が感覚によって知覚した観念ほど明瞭ではなく、前者の多くが後者のいろいろな部分から合成されているのを認めたとき、「以前に私が感覚のうちに有していなかったいかなる観念をも、私が知性のうちに有することはまったくない」と、容易に信じこんでしまうほどだったのである（75［23―29］）。

なおまた、「私が或る特殊の権利を以て私のものと称していたところのこの物体」としての身体が、他のいかなる物体にもまして私に属している、と私は思いなしていた。というのも、私は身体以外の物体からは切り離されえても、身体から切り離されることはできなかったからであり、かくて私は全ての欲求や情念を、他の物体においてではなく、「この物体」としての「身体において、かつ身体のために感覚していた」からであり、かくてまた私は苦痛と快楽のくすぐりとを、「身体の外に横たわる他の物体において」ではなく、まさに「身体の部分において」

認めたからである（75［29］－76［06］）。しかし、何故苦痛や快楽の感覚から悲しみや喜びの感情が生じ、飢えや渇きの感覚から食べものや飲みものへの欲求が生ずるのか、ということについては、「自然によってそのように教えられている」ということ以外に、他の理由を認めることができないでいた。それというのも、感覚としての身体的運動とそれに伴う意識としての欲求や情念とのあいだには、何の類縁性も認められないからである（76［06－16］）。そしてそのことに止まらず、感覚の対象について私が判断していた他の一切のものも、そのように判断した根拠を考量する以前にそのようなものとして信じこんでしまっていたのであるから、「自然によって教えられた」と言われるべきなのである（76［16－20］）。

デカルトは以上の如き感覚的知覚に寄せられた信頼を揺がすものとして、次のような懐疑理由をもち出す。まず、外部感覚や内部感覚の判断において、私は時として誤ることがある。というのは、遠方からは円いとみえていた塔が近づいてみると四角であるとわかったり、その塔の頂きに据えられている巨大な彫像が、地上から眺めるとさほど大きくはみえなかったりする。あるいは、肢体を切断された人のもつ幻覚の場合にように、苦痛が肢体のどこかに感覚されるにしても、それがどの部分なのかは確実でないことがある（76［21］－77［07］）。つぎに、夢と覚醒とのあいだには混同がありうる。すなわち、私の目覚めているときに感覚すると信じたもので、私が眠っているときにも時として感覚している気になりえないようなものは、何ひとつない。しかも、私が睡眠中に感覚すると思うものは私の外にあるものから私にやって来るとは信じられないのであるがゆえに、私が覚醒時に感覚すると思うものについても、殊更外からやって来ると信じなくてはならぬわけはない。かくして、夢と覚醒との区別を疑いだすと、その疑いを晴らすことは容易にはできないのである（77［08－14］）。しかし、そのようにしてたとえ全てが夢であるとみなすとしても、論理や数理の知識に連なる単純で普遍的なものの感覚(3)は真ではなかったか。否、私が

「私の起源の作者を今なお知らずにいた」（正確に言うなら、〈方法的懐疑〉のもとで、「知らずにいると仮想していた」）のである以上は、私はきわめて真なるものと思えるものにおいてすら誤るような本性のものとして作られているのかもしれないのである（77［15－18］）。なおまた、「よって以て私が以前に感覚的事物の真理性を説得せられた理由」（言うなら、感覚的観念の外的起源ということ）に関して言えば、自然本性は理性に対立することがしばしばであるがゆえに、自然の教えにはあまり信をおくべきではないと考えるべきである（77［18－23］）。たとえ感覚の知覚が私の意志に依存してはいないにしても、そのような知覚を作り出す何らかの能力が、私自身には未だ識られていないまま私のうちにあるのかもしれず、かくて、それが私とは別の事物から出来すると結論すべきではないのである（77［23－27］）。

第四節　精神と物体〔としての身体〕との実在的区別

しかしながら、私自身と私の起源の創作者とについていっそうよく識り始めるに到った今は、かくて、〈明晰判明知の規則〉が保証されているこの段階においては、感覚知覚に関する以上の如き分析は、いかに解されるべきであろうか。感覚から得てくると思われるものは、もちろんその全てが軽々しく容認されるべきではないにせよ、しかしまたその全てが疑いをかけられるべきでもないのではないか（77［28］－78［01］）。

そこで、デカルトはまず、「精神と物体〔としての身体〕との実在的な区別」を明らかにする。すなわち、「私が明晰判明に知解する全てのものは、私が知解している通りのものとして神によって作られうる、ということを知っているのであるからして、一つの事物が他の事物とは別個のものであるということが私に確実であるためには、私がその一を他に俟つことなく明晰かつ判明に知解することができるということで十分なのであって、それというのも、それらは少なくとも神によっては別々に措定されることができるからである」（78［02－06］）。しかも、そのように「神によっては別々に措定されることができる」と言われる場合、「いかなる力能によって神がそうするのか」ということは、〈私によって別個のものと認められる〉ということのためには、いわばどうでもよいことである（78［07－08］）。それというのも、神は「或る意味で自己原因であって、神のうちにはそれほどまでに広大無辺な力能が含まれているのであり、かくて神はいかなる原理にも服さず、一切のものを作出する原因として〈明晰判明知の規則〉を保証するのであるから、私としては明晰判明知をただ受け入れるというだけで十分だからである。かくして、「私は存在する」ことを私が知っているということ、しかも「私は思惟しつつある事物である」ということのみの他は何ものも私の本質に属さないことに私が気づいているということ、このことからして私の本質は「私は思惟しつつある事物である」というこの一つのことに存することを、私は正当に結論するのである（78［08－12］）。そうだとすれば、「おそらくは（あるいはむしろ、直ぐ後に言う通り、たしかに）私は私と緊密に結合されている物体［としての身体］を有するにしても、しかし一方では、私が延長する事物ではなくて唯ただ思惟しつつある事物であるかぎりにおいて、私は私自身の明晰かつ判明な観念を有し、そして他方では、物〔身〕体が思惟しつつある事物ではなくて唯ただ延長する事物であるかぎりにおいて、私は物〔身〕体の判明な観念を有するがゆえに、私が私の物体〔としての身体〕から実際に区別されたものであって、この物体に俟つことなしに存在しうるということは、確実である」（78［13－20］）。

ここに明らかな如く、「実在的区別」の根拠は、私が事物の一方を他方に俟つことなしに明晰かつ判明に知解することができる、ということに存する。そこで、事物はわれわれの知覚に関する秩序においてあるのと同じ仕方で、真理自体に関する秩序においてある、と判断されるとすれば、右の〈区別の根拠〉は直ちに〈区別そのもの〉（事物の一方が他方とは別個のものとして在るということ）を意味するであろう。もしそうだとすれば、「実在的区別」は、すでに「第二省察」のみから結論づけることができたのであって、それ以上に何も付け加える必要はなかったであろう。しかし、私が私の起源の創作者を識らないと想定しているかぎりは、〈事物は、真理に従って、われわれが当の事物を知覚する通りのものとして在る〉ということが確実であるとは言えぬことになるがゆえに、〈事物の一方を他方に俟つことなしに明晰かつ判明に知解するということだけから、一つの事物が他方から排除される〉ということを「いかにして」私は確知するのか、が問われねばならない。ここに、「第三省察」から「第五省察」までの論述が寄与することになるのである。[5] すなわち、「私が明晰かつ判明に知解する全てのものは、私が知解している通りのものとして神によって作られるということを私は知っている」、ということであった。この条りは具体的にいかなる事態を意味するのであろうか。

事物の一方を他方に俟つことなしに知解するという場合、そこには「知性の抽象」が働いて、事物の概念を「非妥当的（inadaequata）」にするおそれがある。たとえば、われわれの精神は物体的であると主張する者がいるとしても、それだからといって、その者は全ての物体が精神であると考えているわけではないであろう。そうだとすれば、物体は精神に対して、あたかも類が種に対するのと同じような関係にあるわけであって、類は種なくしても知解することができるのであるから、〈精神が物体に俟つことなく「十全かつ妥当的に（complete et adaequate）」知解されうる〉ということは、なお証明されるべく留まっているのではないか。[6]

このような疑問に対してデカルトは、「妥当的」認識と「十全的」認識とを区別して、「実在的区別」において認識の〈妥当性〉は要求されない、と答える。認識が「妥当的」であると言われるためには、当の認識のうちに、認識された事物のうちにあるおよそ全ての固有性が含まれていなければならないのであって、それは、われわれが事物を妥当的に認識すると同時に、当の認識が妥当的であることを知っている、という場合にかぎられる。しかし知性が、神は認識された事物のうちに知性の認識しているところ以上のものは何も措定しなかった、と知るということ、このことのためには、知性の有する認識する力が「神の無限の力能に妥当する（adaequare）」——全面的かつ完全に一致する——必要があり、そのようなことは知性に対する神の特別の啓示がなければ不可能なのである。(7)

これに対して、認識が「十全的」であると言われるためには、知性の認識力が「事物に妥当する」というだけで十分であって、それゆえ、認識が積極的に妥当的であるということを要求するのではなく、「当の認識がわれわれの知性の抽象によって非妥当的なものにされてはいない、と知覚されるという程度にまで妥当的」であればよいのである。(8)言い換えるなら、「十全的に知解する」ということは「十全的な事物であると知解する」ということと同じ意味に解されるのである。「十全的な事物」とは「そのものが実体であると私に認知させるに十分なだけの形相ないし属性をまとっている実体」のことである。われわれは実体を直接的に認識するのではなくて、ただ、或る形相ないし属性をわれわれが知覚するということからのみ認識するのであって、そのような形相ないし属性の内在している事物を「実体」と呼ぶのである。(9)したがって、われわれは自らの知性の有限なるがゆえに、事物の全ての属性を認識するということは不可能であって、かくてその認識が妥当的ではないのであるにしても、各々の事物を「それ自身による存在者（ens per se）として、そして他の全てのものとは別個の存在者として」知解するというほどまでに判明に概念するならば、それは〈「十全的な事物」であると知解する〉ということに他ならず、かくてその認識は「知性の抽象によって非妥当的なものにされてはいない」と言われうるのである。(10)かくして、「私は、物体の何であるかということを、唯ただ延長的、形状的、可動的、等々であるとのみ考えることによって、そして当の物体について、精神の本性に属する全てのものを否定することによって、十全的に知解する。またそれとは逆に、私は、精神のうちには物体の観念のうちに含まれるものの何かがあることを否定するにしても、当の精神は疑い、知解し、意志する、等々の、十全的な事物であるということを知解する。およそこのことは、精神と物体とのあいだに実在的な区別がないとしたら、生じえぬことである」[11]。概念内部でのこのような十分な区別から、まさに神の誠実性によって、事物のあいだの真実の区別を結論することが可能になるのである[12]。その誠実性を通して語られる神の全能は、とりわけ、精神が物〔身〕体と緊密に結合して生ぜしめる特別な一体感に対して、いわば均衡をとるものである[13]。この「緊密なる結合」のゆえに、われわれは注意深い省察なしには「実在的な区別」に気づくことはできないが、しかし、そのような「実体的合一」があるからといって、「十全的な事物としての単独の精神」についての明晰かつ判明な概念をもつことができないということにはならない[14]。言い換えれば、神は、精神と物体とをきわめて緊密に結合して何か一つのものを作り上げたと仮定しても、以前に両者を分離してその一方を他方なしに保存するために有していた力能を、依然保持しているのであって、かくて両者は実在的に区別されているのである[15]。重要な点は、「単なる虚構、言うなら知性の抽象、によって」精神が物〔身〕体から区別されるというのではない、ということである[16]。もしそのような（「知性の抽象によって」心・物の両者が区別されるという）否定的な考え方をするならば、精神は物体に依存し、物体と同一視されるものの如くみなされることになり、かくて「実体的合一」にすぎないものをあたかも〈一つの実体〉のように解することになろう。実はそうではなく、積極的に、精神は物体に属しているものが全てそこから排除されてもなお存在しうる、かくて物体に俟つことなく存在しうる、実体である、と結論することが重要なのである[17]。かくして、諸事物の本質が神の力能に依存しているということから、われわれは、物体を存在せしめる創造の働きを確実な根拠を以て結論する前にすら、当の物体は精神から実在的に区別されたものであるということを、かくて両者のあいだにいかに緊密な結合が認められるとしても、神は常に自らが二次的に合一せしめたにすぎぬものを分離することができるということを、知るのである[18]。

しかしこのように、本質のうちに見出される一切は必然的に事物のうちにもあるのであるとしても[19]、当の本質から事物の現実的存在そのものを帰結させることは、まさに当の本質が神の力能に依拠するものであるがゆえに（かくて、当の本質それ自体は根源的な偶然性を具えたものであるがゆえに）、許されぬことである。ここに、これまで仮定されていた精神と物〔身〕体との「実体的合一」の意味が、感覚知覚の再検討を通して、問われねばならなくなるのである。

第五節　感覚に依拠した〈物体の存在証明〉

精神と物〔身〕体とのあいだに「実在的な区別」が存するということから、まず第一に、私は自らの精神が純粋に「思惟」であるもの以外の何ものをも含んでいないことを、単に〈私の思惟の秩序〉に即してのみならず、〈事物の真理の秩序〉に従って確認することができることになる。（つまり、〈感覚の知覚が私の意志に依存してはいないにしても、そのような知覚を作り出す何らかの能力が、私自身には未だ意識されないまま私のうちにあるのかもしれない〉といった想定はここで明確に排除できることになる。）それゆえ、「想像する能力」や「感覚する能力」に関して言えば、それらは「何がしかの知性作用」を含んでいるがゆえに「思惟」に属する様態として、あたかも様態が事物から区別されるのと同じように、「知解しつつある実体」としての「私」から区別される。言い換えれば、それらの能力はそれらが内在している思惟的実体なしには明晰かつ判明に知解されえないが、しかし、それらがなくても「全体としての私を明晰かつ判明に知解することができる」のである（78［21－28］）。これに反して、「場所を変ずる」とか「さまざまな形姿をとる」といった他の能力に関しては、それらの能力もまた想像や感覚の能力と同様にそれらが内在する何らかの実体なしには知解されえず、かくてまた存在しえないのであるが、しかし、それらの能力が実在するとすればそれは「物体的な実体、言うなら延長する実体」に内在すべきであって、「知解しつつある実体」に内在すべきではない、ということは明らかである。なぜなら、それらの能力の明晰かつ判明な概念のうちには「或る延長」が含まれているが、しかしいかなる「知性作用」もまったく含まれてはいないからである（78［28］－79［06］）。かくして、心・物〔身〕の「実在的区別」に依拠して、想像的能力や感覚的能力は自らの形相的概念のうちに或る知性作用を含むがゆえに物質的事物に関係づけえないとされる一方で、その明晰判明な概念のうちに或る延長が含まれる、かくていかなる知性作用もまったく含まれない、身体的操作的な感覚能力においては、却って主観性を脱して、精神とは独立の外的事物の存在を発見すべき途が見出されるのである。

そこで第二に、「実在的区別」に基づいて、感覚能力に関する立ちいった考察が改めて要求されることになる。私のうちには「感覚する或る受動的な能力、言うなら感覚的な事物の観念を受けとり認識する能力」が存するのであるが、これは「そのような観念を産出する、ないしは創出する或る能動的な能力」を要求する。受動という事態は何らかの能動的作用なしには生じえないからである。ところで、この能動的な能力は、何らの知性作用をも予想させないがゆえに、「思惟しつつある事物」であるかぎりでの私自身のうちにはありえない。なぜなら、当の感覚的観念は「私が協力することなしに、却ってしばしば私の意に反してさえ」産出されるのであり、しかも、そのように産出する能力が私自身には未だ識られないまま私のうちにあるのかもしれぬという仮定は、あの「実在的区別」によって斥けられるからである。かくして、この能動的な能力は「私とは別個の或る実体」を要求することになるのである（79［06－15］）。

そこで、この「私とは別個の実体」であるが、それのうちにはあの能動的能力によって産出された感覚的観念のうちにある一切の「思念的実在性」が形相的にか優勝的に内在していなければならぬわけであるから、当の実体はそのような思念的実在性を形相的に含むところの「物体」そのものであるか、それとも優勝的に含むところの「神」あるいは「物体よりは高貴な或る被造物」（言うなら天使）であるか、のいずれかであるということになる。しかし、「神は欺く者ではない」のであるから、前者を肯定すべきであって、後者を採るべきではない。それというのも、感覚的観念を、神が自ら直接に送りこむのであれ、何らかの被造物を介して送りこむのであれ、そのような事態を認知するためのいかなる能力をも神は私に与えてくれていないからであり、それどころか逆に、「当の観念が物体的な事物から送り出されると信ずる大いなる傾向性」を与えてくれたのだからである。したがって、当の観念が物体的事物とは別のところから送り出されたとするならば、「神は欺く者ではない」ということが不可解となる。かくして、「物体的事物は存在する」と認めざるをえないのである（79［15］－80［04］）。

ところで、感覚的観念の外的起源に関しては、自然本性は理性に対立することがしばしばであるがゆえに、「傾向性」といったことにはあまり信をおくべきではなかったのではないか。しかし、ここでもあの「実在的区別」が介入してくるのである。「われわれは長さ、幅、深さにおいて延長する或る物質――そのさまざまな部分がさまざまな形状をもち、さまざまな運動をなし、かつまた色や香りや苦痛などさまざまな感覚をわれわれがもつようにさせもする物質――を感覚する、あるいはむしろ感覚の衝撃によって明晰判明に知覚する。[20]」かくて、精神の属性と物体の属性との根本的対立のゆえに、われわれは精神が物体的観念を産出したとは信ずることができないのである。「われわれが他のものよりもこのものを感覚するというようにさせることは、われわれの力のうちにはなくて、われわれの感官を触発する事物にまったく依存している。」[21]かくて、われわれは物体的事物を神やわれわれの精神とはまったく異なるものとして明白に捉えているのであり、また、物体的観念はわれわれの知性の外部にあって、これに類似した事物からわれわれに到来すると、われわれには思われるのである。したがって、「長さ、幅、深さにおいて延長し、そして延長的事物に属することをわれわれが明晰に知覚する一切の特性を有する、或る事物が存在する」、とためらうことなく結論しなければならぬのである。[22]

かくして、「実在的区別」に依拠しながら〈物体の存在〉を帰結させることにおいて重要な点は、延長の観念の明証性に依拠しながらも、当の明証性を絶対化することなく、いわばそれに制限を加えるかのように、同じく明証的な自然的「傾向性」を介入させる（言い換えれば、物体の本質はあくまでも幾何学の示す通りでありながらも、ただ物体の存在が感覚の与える拘束力の感じにおいてわれわれに示される）、ということにある。物体の観念をひとり本質の相のもとにのみみて、それに何らの現実的な対象をも対応させないでおくということは、理性にとっては可能であるとしても、自然的傾向性の強い抵抗に出あうのである。[23]延長という本質は、神そのものの属性とみなされるならば、それ自体において絶対的に必然的なものとなって（かくて、観念が実在化されるために）、延長観念の対象たるべき外的物体の存在を結論づけねばならぬ必然性はなくなるであろう。延長の観念としての感覚的事物の観念は、神によって直接的に人間に送りこまれることも可能となるからである。実はしかし、延長という本質は神による自由な創造の結果なのであって、その同じ創造の行為が、現実に存在する物体を、われわれのうちなるそれの生得的な観念の正当な相関物として、措定せしめるのである。[24]自然的傾向性に具わる明証性とは延長的本質の被造性のしるしであるともいえる（つまり、延長的本質は根源的に偶然性を含むがゆえに、当の本質に代わって存在が生起する、かくてそのとき、観念そのものは本質性が減ずることによって不明瞭不分明となるのである）。

その明証性は、必然的となって、感覚における私の意志の支配の及ばぬ受動性と一体を成しているのである。すでに「第四省察」において考察した如く、私の意志は、本質の相のもとでは、「知性における大いなる光」に相伴われくる「大いなる傾向性」となって支配した。私は、明晰かつ判明に知覚することに関しては、私の判断において「非決定」であることが少なければ少ないほど、それだけいっそう「自発的に」かつ「自由に」そのことに同意したのである。それゆえ、何が真であり何が善であるかを明晰かつ判明にみるかぎり、私は「自由」ではあっても、けっして「非決定」に陥ることはなかった。それゆえまた、「非決定」とは、意志の働きの対象の不明瞭性・不分明性に起因する事態であり、そのようにして、働きを対象というかたちで限定するという事態を語るものに他ならなかった。かくして、内発的同意が可能になるためには、対象の不明瞭性・不分明性を私の有する概念から排除しなければならないのであって、そのかぎり、私は当の不明瞭性・不分明性そのものについての明晰な観念を形成しているのである。そのような観念によってこそ、あの物体的存在を信じようとする〈自然的傾向性〉は語りえたのである。したがって、この〈自然的傾向性〉は判断する「意志における大いなる傾向性」といわば反比例するかのようにして概念されるのであって、それ自体けっして盲目的な性格のものではない（つまり、本質の相のもとでは物体を数学的に考察し切ることができ、かくて必然性を絶対化しうる――「意志における大いなる傾向性」としての内発的同意の自由を行使しうる――かにみえるが、しかし、本質の被造性のゆえに当の必然性は偶然性を含んでいるのであって、物体を数学的に考察し切ろうとする理性は感覚の抵抗に出あう――〈自然的傾向性〉のもとで物体の〈存在〉が肯定され、〈本質〉の相のもとでは「非決定」の自由の行使に留まる――のである）。意志が「非決定」に陥ってその支配力を及ぼしえなくなるとき、私は判断を差し控えることによって、〈誤らない〉ことが可能なのである。私の〈誤らない〉ことが必然的であるというのではない。もし必然的とみなすなら、すでに指摘した如く、明晰かつ判明に知覚していないことについて私が同意を与える、ということがけっして生じえないように、神ならば按配することができたであろうとか、さらには、私がいつか思索するであろう全てのものについての明晰かつ判明な知覚を私の知性に賦与しておくことも、神ならばできたであろうとか、想定しなければならなかったであろう。しかし、そのように予め意図された事態を想定するならば、私は〈誤る〉ことにおいて、いわば自らの自然を逸脱しているということになろうが、そのように意図された事態とは、〈私は誤る〉という事実にとっては外面的な規定にすぎないのである。すなわち、〈私は誤る〉ということは、〈私は誤らない〉ということに矛盾する事態として、常に排除されるべきものとみなされるのみであって、〈何故私は誤るのか〉という〈事実に具わる理由〉を明らかにしないのである。実は、〈私は誤る〉という事態は〈私は誤らない〉という事態と或る意味で同じように〈自然的〉なのであって、何がしかの真理を有しているのである。言い換えるなら、私が常に誤らない者として創造されていると想定することは、実は、神が私をそのような者として創造すべく決定されているという意味で、神の自由に反するのであり、かくて神の完全性に反するのである。〈私は誤らない〉という事態を必然的なものとして措定することと、そのように措定すること自体の必然性とは、あくまでも区別されねばならないのである。かくして、神の自由のもとで初めて、〈私は誤らない〉という事態が絶対的と思える必然性を以て迫ってきても、なお、それは〈私は誤る〉という矛盾するかにみえる事態を容れうるのである。ここに、「意志における大いなる傾向性」のもとに本質を支配する必然性は、根源的な偶然性を含むことが明らかになる。この偶然性のゆえに、本質の真理性は保証されうる。神が「欺く者でない」と言われうるのは、相矛盾するものが神によって分離される（言うなら、矛盾律が行使される）ようにみえるとき、神はそれを結合することもできたと考えるかぎりにおいてである。矛盾とはあくまでも〈われわれにとっての事態〉であって、われわれの思い描く矛盾をそのまま神の本性に関して語るなら、神の創造の営為において事物の〈本質〉の秩序を課することになろう。それはいわば「神を運命に従わせる」ということを意味するのであって、神の自由に反するのである。

かくして、神の誠実性に依拠しつつ「実在的区別」を語ることは、当の区別を独り事物の本質の相のもとでのみ理解することを要求すると同時に、当の本質の根源的偶然性と担うべき世界（言うなら事物の存在）を主題化することをも要求するのである[25]。かくて、実在的に区別されて相矛盾するかにみえる二つの本性が結合されたような世界もまた、神の誠実性に依拠して、可能とみなされねばならない。実際、身体の操作的能力を行使したり、感覚の衝撃を受動的強制として受けとめたりすることは、身体や感官を知性的表象作用によって客観視したり、身体や感官に生ずることを観念の意識過程と並行論的に対応するものと理解したりすることとは、本質的に異なるのであって、却って、精神が身体や感官と一体化することによってもたらされる事態なのである[26]。ここに、感覚において知性の外部なる物体が私の身体に直接的にかかわっているかのように反応するという、あの〈自然的傾向性〉が介入させられるのである。それは、意志が自らの固有の傾向性をいわば弱めるようにして、感覚と一体になった意志である。それゆえ、物体的事物の存在が帰結されても、意志が「非決定」のうちに留まるのであるかぎりは（言うなら、意志が、「最低の段階」とはいえ、なお「自由」を保持しているかぎりは）、当の存在は本質といわば表・裏を成すように、本質から切り離されえないのである。すなわち、「物体的事物は存在する。もしかするとしかし、これら物体的な事物の全ては、およそ私が感覚によって把握する通りのものとして存在するのではないであろう。なぜなら、そうした感覚の把握は多くの場合きわめて不明瞭であり不分明であるからである。しかし、少なくとも明晰判明に私の知解するところの全てのもの、言い換えるなら、純粋数学の対象のうちで把握されるところの、一般的にみられた全てのものは、それら物体的事物のうちに在るのである」（80［04－10］）。

第六節　精神と物〔身〕体との「実体的合一」

以上の如くデカルトは、精神と物〔身〕体との実在的区別に依拠しつつ、しかも当の実在的区別をいわば完遂するために、物体の存在証明を行ったのであるが、その証明は却って、自らが感覚における精神と物〔身〕体との実体的合一を含意する、ということを明らかにした。心・物〔身〕の実在的区別は心・物〔身〕の実体的合一の問題へと導くのである。

物体的事物のうち、少なくとも「一般的にみられたもの」の全てについては、その存在することをためらうことなく結論しなければならないが、「単に個別的であるにすぎぬもの」（たとえば、太陽は然々の大きさであり、然々の形である、といった如き）や「それほど明晰には知解されぬもの」（たとえば、光、音、苦痛およびこれに類するものの如き）についても、たとえそれらのものが疑わしく不確実であるにしても、「神は欺瞞者でない」のであるからには、私の知覚のうちに何かの虚偽が生ずるということは、それを矯正するための何らかの能力が神によって私に賦与されているというのでないかぎり、ありえぬ事態であるといわれねばならない。かくて、「私が自然によって教えられるものの全てが何らかの真理を有しているということには、疑いはない」のである。実際、ここに私が「自然」と言うとき、私は、「一般的にみられた自然」のもとには「神」そのもの、あるいは「神によって制定されたところの被造物の整序」を知解しているのであり、また、「個別的にいう私の自然」のもとには「神によって私に賦与された全てのものの集合体」を知解しているからである（80［11－26］）。

その「私の自然」が第一に教えるのは、苦痛、飢え、渇きなどの感覚を通して、〈心・身の合一〉という事実が如実となる、ということである。すなわち、私は身体を有していて、苦痛を覚えるときにはその具合が悪く、飢えあるいは渇きに悩むときには食物あるいは飲料を必要とするのであって、かくて「私は身体を有する」ということほど明白に「私の自然」が教えるものはなく、その感覚のうちには必ずや何らかの真理が存するのである（80［27－31］）。なおまた、この「私は身体を有する」という事態の意味するところは、「あたかも水夫が船のなかにいる如く私がただ単に私の身体のなかにいるのみではなく、却って、私がこの身体ときわめて密接に結合せられ、いわば混合されていて、かくて身体と或る一体を成している」、ということでもある（81［01－05］）。それというのも、もしそのような〈心身一体〉という事態がないかぎり、「思惟しつつある事物」以外の何ものでもないこの私は、身体を傷つけられてもそのために苦痛を感じたりはしなかったであろうからである、言うなら、あたかも水夫が船の傷を視覚によって知覚する如くに、私は身体の負傷を純粋な知性によって知覚したであろうからである。それと同様に、身体が食物あるいは飲料を必要とするとき、私はそのことをただ明白に知解するだけであって、飢えとか渇きといった不分明な感覚を覚えることはなかったであろうからである。実に、苦痛、飢え、渇き、等々の感覚は「精神と身体との結合といわば混合とから生ずる或る不分明な思惟様態」に他ならぬのである（81［06－14］）。

また、「私の自然」が第二に教えることは、私の身体のまわりにはさまざまな他の物体が存在していて、そのうちの或るものは私の追求すべきものであり、他は忌避すべきものである、ということである。たしかに、私はさまざまな色、音、香り、味、熱、堅さ、その他これに類するものを感覚するのであるが、そのことから、そのような感覚知覚をいわば送り出す物体のうちには、当の知覚に「類似してはいないにせよ、対応している」さまざまな多様性が存する、と正しく結論することが可能である。しかしそれでも、当の知覚そのものは、あるいは私には好ましく、あるいは好ましくなく、現われ来るのであって、かくて当の知覚は、〈精神と身体とから複合されているというかぎりでの全体としての私〉にとって、私を取り巻く事物のうちの何が都合の好く、何が都合の悪いかを示しているのである（81［15－27］）。したがって、あくまでも〈「私の自然」によって教えられたもの〉という点に注目すべきであって、それらのものから、「自然が私に教えたもののようにみえても、実際は自然からではなく、却って無思慮に判断する或る習慣から私が受けとった他の多くのもの」を区別しなければならない。それら後者のもののうちには偽である場合が数多くあるのである。たとえば、感覚的刺戟のまったく生じないような空間は全て空虚であるとか、熱い物体のうちには私の覚える熱の観念に類似した何ものかがあるとか、白あるいは緑の物体のうちには私の感覚する通りの白あるいは緑があり、苦いあるいは甘い物体のうちにはその通りの味があるとか、遠くにある物体が私の眼に見える通りの大きさや形しかもたぬものであるとか、等々である（82［01－12］）。しかし、以上の如き点について、全てを十分判明に把握するためには、「私が或ることを自然によって教えられる」と言うとき、何を意味するのかをいっそう厳密に定義しておく必要があろう。すなわち、ここで私は「自然」という語を、「神によって賦与せられた全てのものの集合体」という意味よりもさらに狭い意味に解するのである。それというのも、この「集合体」のうちには、独り精神のみに属する多くの事柄（同一律や矛盾律の如き、自然の光によって知られている全てのもの）や独り物体のみに関する多くの事柄（物体は下に向かうこととか、その他同様の事柄）も含まれているが、今はそのような事柄を問題にしているのではないからである。私がここで問題にしているのは、唯ただ「精神と身体とから複合されたものとしての私に、神によって賦与せられたもの」のみなのである（82［12－25］）。かくして、この意味での「自然」は、苦痛の感覚をもたらすものを忌避し、快楽の感覚をもたらすものを追求することなどを教えるのみであって、さらにそのことを越えて、〈それらの感覚によって、知性の予めの吟味を俟たずに、われわれの外部に横たわる事物について何ごとかを結論してよい〉と教えるとまでは言い切れない。われわれの外部の事物について真を知ることは独り精神のみに属し、合成体には属さないように思われるのである（82［25］－83［02］）。それゆえ、「無思慮に判断する或る習慣から私が受けとった」ものをあたかも「自然が私に教えた」ものの如くに思いなして、「自然の秩序を歪曲」してはならない（83［14－15］）。言い換えるなら、「感覚の知覚」とは、本来は、唯ただ精神に、精神をその一部分とするところの合成体にとって、何が都合好いものであり何が都合悪いものであるかを示すために、自然によって与えられているのみであって、当の「感覚の知覚」はあたかもわれわれの外部の物体の本質が何であるかを無媒介的に認識するための確実な規則でもあるかのように使用されてはならぬのである。感覚の自然はあくまでも〈合成体としての私に、神によって賦与されたもの〉についてのみ教えるのであって、そのかぎりにおいて明晰かつ判明であるが、しかし、物体的事物の本質については何ものをも、唯ただ不明瞭かつ不分明にしか指示しないのである（83［16－23］）。

しかしながら、「感覚の知覚」を右のように限定して用いてもなお、新たな困難が現われる。すなわち、自然が私に追求すべきもの、あるいは忌避すべきものとして示すもの自体に関して、そしてまた内部感覚に関して、私は判断を誤ることがあるのであって、その際、「神の善性」をいかに解すべきかということが問題になるのである（83［24－29］）。

たとえば、人が或る食物の快い味に欺かれて、なかに隠されている毒をもいっしょに取る場合がある。しかしもちろん、その場合、彼は快い味を欲求するように自然によって駆り立てられるだけであって、彼がまったく気づいていない毒を欲求するように駆り立てられるわけではない。したがって、その場合に結論しうることは、「彼の自然は全知ではない」ということだけである。そして、このことは何ら驚くに当らないのであって、すでに「第四省察」のなかで詳しく検討した如く、被造物である人間は制限されたものであるがゆえに、彼には「制限された完全性」がふさわしいというだけのことなのである(83［29］-84［07］)。

しかし問題なのは、「自然によって駆り立てられるもの」そのものにおいてすらわれわれは誤ることがある、ということである。たとえば、病気である人が直ぐに自分に害を与えるとわかっている飲料や食物を欲するような場合がそれである。このような事実を前にして、神の善性はいかにして擁護されうるのか。その場合、病気の人が誤るのは彼の自然が退廃しているためである、と言っても困難はなくならない。なぜなら、病気の人間も健康な人間に劣らず真に神の被造物なのであって、病気の人間が神から欺く自然を授けられているということは、健康な人間がそうである場合に劣らず、神の善性に矛盾していると思われるからである。あたかも、時計は、たとえ出来が悪くて時刻を正確に報じない場合でも、出来がよくて制作者の願いを満足させている場合に劣らず、自然のあらゆる法則に従って動いているというのと同様に、病気の人間の場合も、彼の身体が「一種の機械」——骨や神経や筋肉や血管や血液や皮膚などから成っていて、精神の働きなしに行われるところの全ての運動を果すように仕組まれ組立てられている機械——であるというかぎりにおいて考察されるなら、そのうちに生ずる全ての運動は健康な人間の場合に劣らず、自然なものなのである。たとえば、水腫病患者が渇きの感覚を精神にもたらすのが常であるところの咽喉の乾きに悩まされ、そしてまたこの乾きによって身体の神経およびその他の部分が、病状を悪化させることになる飲料を採るように、配置せられるということは、身体のうちに何らそのような疾患もないときに、咽喉の同様の乾きによって自分に有益な飲料を採るように動かされるということと等しく、おそらくは自然的なのである。たしかに、時計の予め意図された用途を考慮におくかぎり、時刻を正しく示さないときは、当の時計は「自らの自然を逸脱している」と言われうる。また同様に、人間の身体という機械も、通常そのうちに生ずるところの運動をするように仕組まれたものとして考察するかぎり、飲料を採ることが身体の保存のためにならないときに咽喉が乾くというのであれば、当の身体もまた「自らの自然を逸脱している」と言われるべきであろう。しかし、そのような意味での〈自然の逸脱〉を根拠にして、あるいは〈不出来の〉時計と呼び、あるいは〈病気の〉人間と呼ぶのは、出来のよい時計の観念や健康な人間の観念と比較する私の思惟に依拠するところの、当の時計や人間にとっては「外面的な命名」以外の何ものでもない。いかなる時計であれ、いかなる人間の身体であれ、自然のあらゆる法則に従って動いているのであるかぎり、〈「実際に事物のうちに見出される或るもの」としての自然〉を表現しているのであって、かくて「何がしかの真理」を有しているのである（84［08］－85［17］）。

かくして、たしかに水腫病の身体に関するかぎり、飲料を必要としないのに乾いた咽喉を有するがゆえに「その自然は腐敗している」と言われるときには、それは単に「外面的な命名」であるとするにもせよ、しかし、生命維持を目的とした、精神と身体との合成体としての人間に関するかぎり、飲料が自分に有害であるのに渇きを覚えるということは、単なる「命名」の問題などではなく、却って「自然の真なる誤謬」と言われるべきものである。そうだとすれば、「そのように解された自然が欺くものである」という事態のもとで、何故「神の善性」は矛盾でないのかということが、なお尋ねられねばならぬことになる（85［18－27］）。

そこで第一に注意すべきは、精神と身体とはいかに緊密に結合されているかに思われるにせよ、両者はあくまでも別個のものであるということ、言うなら両者のあいだには「実在的区別」が存するということ、である。両者のあいだには、「身〔物〕体はその本性上常に可分的であり、精神はしかしまったく不可分的である、という点で大きな相違がある」。実際、私が精神、言うなら唯ただ「思惟しつつある事物」であるかぎりにおける私自身、を考察するとき、私は私のうちに何らの部分をも区別することができず、却って私が「一にして全なる事物」であることを知解する。そして、全体の精神が全体の身体に結合されているかに思われるにせよ、しかし、われわれは身体からその一部分が切断されることはあっても、そのために精神から何ものかが取り除かれるということはない、と認識しているのである。なおまた、意志する能力、感覚する能力、知解する能力、等々は、思惟の様態として区別されることはできても、「精神の部分」と言われることはできない。「意志するのも、感覚するのも、知解するのも、一つの同じ精神である」からである。しかるにこれに反して、いかなる物体的事物においても、言うならいかなる延長的事物においても、私が思惟によって容易に部分に分割し、かくてそれが可分的であることを私が知解しないようなものは、何も考えられないのである。そしてこのひとことだけでも、精神と身〔物〕体とのあいだには「実在的な区別」が存するということを、私に教える（たしかに、「第二省察」の段階では未だ十分に知るには到らなかったことではあるが）に足りるであろう（85［28］−86［15］）。

そうだとすれば、逆に、〈心身合一〉という事実の様相とはいかなるものであろうか。デカルトにとっては、この合一は区別と同様に〈原始的事実〉[27]として〈自然本性的〉なものであった。「人間の身体にとって魂と結合することは偶性的なことではなくて、まさにそれの本性そのものである。なぜなら、身体は魂を受けいれるのに必要な一切の配置（dispositio）を有していて、それなくしては本来の意味で人間の身体ではなくなるのであるから、魂が身体と合一していないということは奇蹟なしには起りえないのである。[28]」身体の諸器官は全て相互に関係づけられていて、それら器官のいずれかが除かれれば身体全体が欠陥あるものとなってしまうような具合に配置されているのであり、かくて、身体とは「一なるものであって、或る意味で不可分的」なのである。[29]この事態を精神の方からみるならば、精神は本性上身体を作っている物質の延長や諸特性とは何らの関係ももたないのであって、まさにそれゆえに、「身体の諸器官の集まりの全体にのみ関係をもつ」ということになる。つまり、「精神は真に身体全体に結合しているのであり、精神は身体のいずれか一つの部分に、他の部分を差しおいて宿っている、などというのは適切でない」のである。[30] かくして、人間の身体は本性上は物体として可分的なものであるが、精神と関係づけられるかぎりにおいて有機的統一をなし、その統一性――或る意味での不可分性――を精神の真なる不可分性から受けとるのである。

このように「複合」によって統一性を生ぜしめる精神の働き[31]を、デカルトは「人間の真なる実体的形相[32]」とみなす。人間の身体を構成している物質は、常に同一に留まる精神によって全体として「形相化」されることによって、「人間の身体」と成るのであり[33]、人間の身体の「数的な統一性」はその物質に依存するのではなく、精神たるその形相に依存する[34]。身体を構成する物質が変化してその量が増減したとしても、身体が常に同一である精神に「実体的に合一している」かぎり、当の身体は「その合一を維持するために必要な一切の配置を自らのうちに有する」のであり、かくて、「同一たる身体、〈数的に同じもの〉、であると常にわれわれは信ずる」のである[35]。

心身合一態において身体の有する「一切の配置」は、身体が一個の「機械」であるかぎりは、身体を構成する物質の運動の表現であって、当の運動を生ぜしめる物体的原理によって説明されうるものである。運動の〈秩序づけ〉は外部からのいかなる助力をも要することなく、物質自身の運動によって、いわば自力で行われる。したがって、運動が秩序づけられて〈生命〉なる表現を得る場合と、運動の物体的原理が活動を止めて〈死〉なる表現を得る場合とのあいだには、本質的な差異はない[36]。しかし、まさしく運動が〈秩序づけられる〉のであるかぎり、そこには何らかの〈内的な原理〉を認めねばなるまい。物質は単に運動するというに止まらず、物〔身〕心の合一を可能ならしめる〈ために〉必要な一切の仕方で、運動するのである。ここに、或る〈内的な目的性〉、〈自然の目的性〉とでもいうべきものが主題化されることになる。

物質部分の運動が秩序づけられて或る不可分的な全体性を成すというとき、いかなる〈外的な原理〉をも介入させないのであるかぎり、部分の結合が全体を作るのであって、それゆえ全体はけっして部分に先行することはない、ということが理解されねばならない(37)。つまり、〈部分の結合が全体を作る〉ということを、〈結合する〉という作用そのものの表現と解さねばならない。部分の結合はその都度部分をいわば超出するのであり、そのような〈超出〉においてこそ結合は可能なのである。〈部分の結合はその都度部分をいわば超出する〉とは、〈部分は或る意味で全体である〉ということである。このような、物質の側に生ずる〈或る意味での不可分性〉が、〈部分をいわば超出する結合作用〉を〈自然の目的性〉として担い、結合される部分の系列の〈真の外部性〉を支持するのである。この〈目的性〉はあらゆる物質部分を貫いて働くのであり、「精神が真に身体全体と結合する」ことを可能ならしめる。かくして、身体の側での〈或る意味での不可分的な全体性〉が精神そのものである〈真に不可分的な全体性〉といわば合致する、言うなら合致すると「われわれは信ずる」のである。全体なる相のもとでのこのような合致は、心身の「実在的区別」に依拠した必然的帰結に他ならぬのである。

以上の如き考察から第二に注意すべきは、心身の合一態にあっては、精神は真に不可分的であるかぎり、「精神が身体の全ての部分から直接に触発される」ということはなくて、直接に触発されるのは唯ただ「脳の微小な一部分、すなわち共通感覚が存するといわれる部分」（いわゆる「松果腺（conarion あるいはconarium）(38)」のこと）のみからである、ということである（86［16－19］）。言い換えるなら、心身合一とは、「われわれの身体において終結する」あらゆる運動が「精神そのもののうちに終結する」意志の働きの支配下にある、という事実に他ならない。たとえば、散歩をしようとする意志をもつだけで、脚が動き、歩くということが生ずる、という場合がそれである(39)。精神が自らの意志をして肢体を動かすようにし向ける際に、精神のうちで意識されるのは「然々の運動への意志の傾き」以外の何ものでもないのであるが、しかし、この意志の傾きに「神経内の精気の流れやこの運動に必要とされるその他全てのものが従う」のである。そしてこのことが生ずるのは、精神のけっして知りえない「身体の適当な配置」によってであり、また精神がたしかに意識している「精神と身体との合一」によってなのである。(40)かくして、身心合一は、身体の諸々の「配置」がそれの働きを始動させている或る中心に従属している、ということを前提していることになる。(41)精神はこの中心的部分を介して他の全ての身体部分におけるよりもいっそう直接的にその機能を働かせるのであり、さらに、その中心的部分の可動性のおかげで、そこに生ずるきわめて小さな運動でも精気の流れを大いに変化させることができるとともに、逆に、精気の流れのうちに生ずるきわめて小さな変化でも、中心の運動を大いに変化させることができるようになっているのである。(42)かくて、この中心的部分は、同じ仕方で配置されるときにはいつでも、たとえその間、身体のその他の部分が種々に異なった状態におかれうるにしても、精神に対して同じものを表示することになるのである（86［20－22］）。

そこでさらに、第三に注意すべきは、物体の本性として、物体の或る部分がいくらか隔たった他の部分によって動かされうるとすれば、当の部分は必ず、たとえこの隔たった部分が少しも作用しなくても、中間にあるいずれかの部分によって同じように動かされうるはずである、ということである。すなわち、たとえば一本の紐ＡＢＣＤにおいて、最初の部分Ａは最後の部分Ｄをひっぱれば動くが、中間の部分ＢあるいはＣをひっぱってＤを動かさずにおいても、同じようにＡは動くのである（86［24］－87［04］）。私が足に苦痛を感覚する場合もまったく同じ仕方によるのであって、「自然学」の教えるところによると、(43)その感覚は足に分布している神経によって生ずるのである。すなわち、当の神経は足から脳へまで紐のようにのびていて、足においてひっぱられると脳の最奥の部分をもひっぱり、この部分のうちに或る一定の運動をひき起すのであるが、この運動が精神をして苦痛をあたかも足にあるものであるかのように感覚させるように、自然によって仕組まれているのである。しかるに、当の神経は足から脳にまで達するためには、脛、腿、腰、背、頸を通らなくてはならないので、たとえ当の神経の足のうちにある部分が触れられなくて、中間にあるどこかの部分が触れられるだけでも、脳においては足が傷を受けたときに生ずるのとまったく同じ運動が生じ、そのため精神は足の傷による苦痛と同じ苦痛を感覚するということが起りうるのである。そして他のいかなる感覚についても同様に考えられねばならぬのである（87［04－18］）。

かくして、最後に注意すべきは、精神を無媒介的に触発する脳のあの部分（松果腺）のうちに生ずる運動の各々は、精神に或る一つの感覚をしかもたらさないのであるから、そうだとすれば、当の各々の運動が、それのもたらしうるあらゆる感覚のうち、健康な人間の保存にもっとも多くかつもっともしばしば役立つところのものをもたらすとする場合にも増して善いことは、何も考え出すことができないということである。しかるに、自然によってわれわれに賦与せられた感覚の全てが右の如き性質のものであることは、経験の証すところであって、かくて、「感覚のうちには神の力能と善性とを立証しないようなものはまったく何も見出されない」、ということになるのである（87［19－28］）。かくして、たとえば、足のうちにある神経が異常な激しさで動かされるとき、その運動は脊髄を経て脳の最奥の部分に達し、そこにおいて苦痛をあたかも足に存在するものの如くに感覚させるところの合図を与え、これによって精神は、その苦痛の原因を足に有害なものとして、できるだけ除き去るよう促されるのである（87［28］－88［07］）。もっとも、すでに述べたところから明らかなように、人間の本性は神によって、脳におけるこの同じ運動が何か他のものを精神に示すように仕組まれることもできたであろう。たとえば、その運動が、脳にあるかぎりの当の運動そのものを示すとか、足にあるかぎりの運動を示すとか、どこか中間の場所にあるかぎりの運動を示すとか、あるいはまた、何かもっとちがったものを示すとかいった具合にである。しかし、これらいずれのものも、あの〈足に感じられる苦痛〉ほどには「身体の保存」に役立たなかったであろう（88［07－13］）。同様にして、われわれが飲料を必要とするとき、これによって或る種の乾きが咽喉に起り、咽喉の神経を動かし、この神経を介して脳の内奥を動かし、そしてこの運動は精神に渇きの感覚を生ぜしめる。それは、こういった全体の機能においては、「健康の保存」のためにわれわれが飲料を必要とするのを知るということよりも、われわれにとっていっそう有益なことは何もないからなのである（88［13－18］）。そしてその他の場合についても同様である。

以上述べてきたところから、神の広大無辺なる善性にもかかわらず、精神と身体との合成体としての人間に具わる自然（本性）が、時には欺くものであらざるをえないことは、まったく明白となろう（88［19－22］）。それというのも、たとえば、もし或る原因が、通常足が傷を受けたときにひき起されるのとまったく同じ運動を、足においてではなく、足から脳にまで走っている神経のどこか途中において、あるいはまた脳自体においてであれ、ひき起すならば、苦痛はあたかも足にあるかの如くに感覚されて、かくて「感覚は自然的に欺かれる」ということになるからである。右の如き事態が何故〈自然的な誤謬〉と言われるかといえば、脳においてひき起されるあの〈同じ運動〉は、常に同じ感覚をしか精神にもたらすことができず、また、当の運動は「他のところに存在する他の原因によってよりも足を傷つける原因によってはるかにしばしば起るのが常なのであるから、この運動が他の部分の苦痛よりもむしろ足の苦痛を精神に表示するということの方が理にかなっている」からである（88［22］－89［02］）。したがって、足が切断されているのにもかかわらず、あたかも苦痛が足に存するかのように感覚されるという、〈感覚における自然的な誤謬〉は、「身体の保存」という観点からすれば「理にかなっている」と言わねばならぬのである。また、水腫病患者における誤謬についても同じように語ることができる。咽喉の乾きは飲料が身体の健康に役立つということから生ずるのが常であり、かくて、水腫病患者においてはそれが或る反対の原因から生じたとしても、そのような場合に感覚が欺くということは、「逆に身体が良好な状態にあるという場合に常に欺くということよりも、はるかにいっそう善いことなのである」（89［02－07］）。右の如き〈感覚における自然的な誤謬〉は、「神がわれわれの身体を機械として作り、そしてそれが自己の法則に従って同じ仕方で常に機能する普遍的な道具として働くことを欲した」ことの表現であり、否定的な仕方ではあれ「神の恒常性」を証すものであって(44)、かくて「自然の真なる誤謬」（85［23－24］）と言われたのである。

以上の如くにして、〈自然的傾向性〉が全面的に明証的ではありえぬということが、具体的に明らかにされることになる。この〈自然的傾向性〉が肯定され、かくてそこにおいて〈私は誤らない〉ということが承認されるのは、〈私は誤る〉ということが〈私は誤らない〉ということと同じように「自然的」であって、「何がしかの真理」を有しているからである。〈私は誤る〉という事実においてすら、私は或る意味では誤っていない。言い換えるなら、私は誤っていないということが、同時に、〈私は誤る〉ということでもある。たとえを繰返すなら、水腫病患者にあっては、たとえ飲料を採ることの誤りであることが事実であるにせよ、健康な人間における咽喉の乾きのメカニズムがそのまま機能しているということもまた同じく事実なのである。病気といわれる人間においても、健康といわれる人間においてとまったく同じように、〈自然の目的性〉が働いているのである。健康な人間を基準にして病気の人間を規定するのではない。もしそのようなことをすれば、渇きの感覚によって飲料を要求することが人間の健康にとって有益であるという、はるかに多いにもせよ唯ただ偶然的でしかない事例を、必然的なものとみなすことになろう。かくて、人間は渇きによって飲料を要求することが常に有益であるような者として創造されたということになろう。そのとき、水腫病を患っている身体については、飲料を必要としないのに渇きを覚えるということから、その自然は腐敗していると規定することはできよう。しかし、生命維持を目的とする精神と身体との複合体について言えば、飲料が有害なときに渇くということは、単なる規定なのではなく、たしかに〈誤謬〉ではあるけれども〈自然的〉な事態なのであって、かくて、その自然が腐敗しているとはいえないのである。

そのように「感覚は自然的に欺かれる」（88［26－27］）のであるかぎり、〈感覚は欺かれない〉ということは〈欺かれることの常にありつつありうるものとして欺かれない〉ということを意味している。〈欺かれない〉ということと〈欺かれる〉ということとは、あたかも一枚の紙の裏・表の如く一体を成している。かくして、〈自然的傾向性〉の語る真理は、いわば誤謬を本質的な構成要素としているのであって、根源的偶然性を具えているのである。そのような偶然性を排除しようとすることによって、われわれは「実在的区別」の相のもとに留まり、必然的真理を享受することもできた。あるいは少なくとも、そのような偶然性を前にしては判断を停止することによって、誤謬に陥ることを避けることができた。しかし、〈誤らない〉ことが同時に〈誤る〉ことをも或る意味で内在させているような事態にあっては、〈誤らない〉ための積極的な方途はない。〈自然的傾向性〉のもとでの真理はいわば誤謬に貫かれることによって初めて真理たりうるのであるとすれば、偽であるよりも真であることを示せば示すほどそれを真とみなす、という他はない。実際、感覚は身体の利益にかかわるものについては、はるかにしばしば偽よりも真を知らせている。そして、同じ一つの事物を吟味するためにこれら多くの感覚をつき合わせることによって、時として生ずる誤謬に関してはそれを矯正したり回避したりすることができる。そのうえ、現在の感覚を過去のそれに連結する記憶を活用することも、また、すでに誤謬の原因を洞察した知性を使用することもできるのであって、そのようにして、もはや私は日々の感覚によって欺かれはしないかと恐れるには及ばないのである。却って、先に用いた数々の「誇張的な懐疑」は笑うべきものとして斥けられるべきなのである（89［11－20］）。とりわけ、夢と覚醒との区別に関する、あの「このうえもない懐疑」がそうである。すなわち、覚醒時に現われる事柄は生涯の他の全ての活動と記憶によって結びつけられうるという連続性を示し、覚醒時の知覚もまた何らの中断もなしに全生涯の他の時期と連続されうるという首尾一貫性を示すのであり、さらにはそのような連続性や首尾一貫性を吟味するために感覚の全てと記憶と知性とを総動員したのちに、事柄やその知覚が無矛盾であることを示すなら、覚醒を夢から区別することはたしかに可能なのである（89［20］－90［10］）。なぜなら、「神は欺く者ではない」ということから、あの〈自然的傾向性〉に依拠して、そのような区別に関しておよそ私の誤ることはない、ということが帰結するからである（90［10－12］）。しかしながら、「行動の必要」は、感覚的状況に関する事細かな吟味を尽す前に、しばしば決断を強いるのであって、それゆえ、人間の生活は個々の特殊な事柄に関しては誤謬に陥り易いということを認めざるをえず、かくて、人間の「本性の弱さ」を承認しなければならないのである（90［12－16］）。

かくして、デカルトは、物質的事物の存在を結論しうる一切の根拠を呈示するにしても、当の根拠がまさに証明しようとする事柄（すなわち、世界は実際に在るということ、人間は身体を有するということ、その他この類のこと）を積極的に開陳するのではない。すなわち、デカルトは、当の根拠が物質的事物の存在にかかわる事柄を証明するために、「きわめて有益である」と考えたのではない。そのような事柄に関しては、「健全な精神を有する何ぴとも」（言うなら、人間精神と神との本性について省察を重ねて先入見から解放された精神ならば）本気で疑ったりはしなかったのである。却って、当の根拠を考察したのは、それが「よって以てわれわれの精神と神との認識に到らしめる根拠」ほどには堅固でも分明でもないということを、いわば確認するためだったのである。人間精神と神との認識に導く根拠こそは、「人間の智能によって知られうる一切のうちでもっとも確実でもっとも明証的なもの」なのである。そして、この一事を証明することが、以上六つの「省察」において、デカルトの意図したところだったのである。(45)

注

I 第一省察

(1) *Principia, I, 1*, AT, t. VIII-1, p. 5.

(2) デカルトは、後述するように、「第六省察」において展開する〈物体の存在証明〉を「感覚」における受動性に依拠させる。

(3) デカルトは自らの〈方法的懐疑〉といわゆる〈懐疑論者の懐疑〉との相違を明確に述べている。すなわち、「一つ一つの事柄について、その疑わしい点、それがわれわれを誤らせ易い点について、格別に反省を加えながら、そのあいだに、前から私の精神に忍びこんでいたかもしれない全ての誤謬を一つ残らず根こそぎにしていったのである。ただし、だからといって、疑うためだけに疑い、いつも不決断でいようとする〈懐疑論者〉をまねたわけではない。というのは、私の計画はまったくその反対であって、自ら確信をかちうること、動き易い土や砂をかきのけて岩か粘土を見出すこと、をのみ目ざしていたのだからである」、と。(*Discours de la méthode, 3e part.*, AT, t. VI, pp. 28-29.)

(4) *3^{ae} Responsiones*, AT, t. VII, pp. 171-172.

(5) *Principia, I, 6*, AT, t. VIII-1, p. 6.

(6) *3^{ae} Objectiones*, AT, t. VII, p. 171.

(7) *5^{ae} Objectiones*, AT, t. VII, p. 258.

(8) Foucault, M., *Folie et déraison, Histoire de la folie à l'âge classique*, Plon, 1961, pp. 54-57.

(9) この〈反論〉は、一九六三年に催されたCollège philosophiqueにおいて、*Cogito et Histoire de la folie*と題する講演の形で行われ、その後一九六七年に論文集Derrida, J., *L'écriture et la différence*, Eds du Seuil, pp. 51-97.に収められた。

(10) この〈回答〉は、『パイデイア・11』竹内書店、一九七二年、八五―一三〇頁に翻訳掲載されたデリダの〈講演〉に対して、わが国の読者のために特別に寄せられ、あわせて翻訳掲載された。さらにこの〈回答〉は、フーコーの問題の著書の新版*Histoire de la folie à l'âge classique*, Gallimard, 1972.の「付録」*Mon corps, ce papier, ce feu*として収められ、より整備された形で掲載されている。なお、フーコーからの引用は全てこの新版に依る。

(11) このような意図のもとにいち速く発表されたのは、田島節夫「デカルトの理性と狂気」東京都立大学哲学会編『哲学誌・15』一九七二年、一一二頁である。
(12) Foucault, M., *op.cit.*, p. 583 et p. 595.
(13) Derrida, J., *op. cit.*, pp. 77-79.
(14) *Ibid.*, pp. 85-86.
(15) *Ibid.*, p. 78.
(16) *Ibid.*, p. 79.
(17) 田島節夫、前掲論文、一一二頁。
(18) Foucault, M., *op. cit.*, p. 595.
(19) *Ibid.*, p. 595.
(20) *Ibid.*, pp. 585-586 et pp. 596-597.
(21) 事実、フーコーは「夢」が「主体の潜勢態(私は人間である)」に帰属することを指摘している。*Ibid.*, p. 596.
(22) 注(3)参照。
(23) Foucault, M., *op. cit.*, pp. 588-589.
(24) *Ibid.*, p. 592.
(25) Derrida, J., *op. cit.*, p. 77.
(26) *Ibid.*, p. 77.
(27) *Ibid.*, p. 81.
(28) *Ibid.*, pp. 81-82.
(29) *Ibid.*, pp. 83-84.
(30) *Ibid.*, p. 84.
(31) Foucault, M., *op. cit.*, p. 595.
(32) *Ibid.*, p. 588.
(33) *Discours de la méthode, 2e part.*, AT, t. VI, p. 18.

(34) Gouhier, H., *Descartes, essais*, Vrin, 1937, p. 167.
(35) *Descartes à Mersenne, 27 mai 1641?*, AT, t. III, p. 379; *Descartes au P. Mesland?, 9 février 1645?*, AT, t. IV, p. 173.
(36) Alain, *Idées, Introduction à la philosophie*, Hartmann, 1939, p. 166.
(37) Foucault, M., *op. cit.*, pp. 600-601.
(38) Gouhier, H., *op. cit.*, p. 167; Alquié, F., *La découverte métaphysique de l'homme chez Descartes*, PUF, 1950, p. 176.
(39) Gouhier, H., *op. cit.*, p. 151.
(40) *Ibid.*, p. 151.

Ⅱ 第Ⅱ省察

(1) *Recherche de la vérité*. AT, t. X, p. 515.
(2) *Ibid.*, p. 521.
(3) *Ibid.*, p. 523.
(4) *Discours de la méthode, 4ᵉ part.*, AT, t. VI, p. 32.
(5) *Ibid.*, p. 32.
(6) *Principia, I, 7*, AT, t. VIII-1, p. 7.
(7) Gassendi, P., *Disquisitio metaphysica seu Dubitationes et Instantiae adversus Renati Cartesi metaphysicam et responsa*, Texte établi, traduit et annoté par B. Rochot, Vrin, 1962, pp. 85 et 87.
(8) *Lettre de Monsieur Descartes à Monsieur Clerselier, 12 janvier 1646*, AT, t. IX-1, pp. 205-26.（傍点は引用者。）
(9) *2ᵃᵉ Responsiones*, AT, t. VII, pp. 140-141.
(10) *Principia, I, 10*, AT, t. VIII-1, p. 8.
(11) *Principia, I, 49*, AT, t. VIII-1, pp. 23-24.
(12) *Descartes et Burman, 16 avril 1648*, AT, t. V, p. 147.
(13) *Ibid.*, p. 147.
(14) 小林道夫『デカルト哲学の体系』勁草書房、一九九五年、一三四－一三六頁参照。

（15）　なお、『第六反論と答弁』においてもこれに類する議論があるので、補足しておく。われわれは〈思惟とは何であるか〉また〈存在とは何であるか〉ということを前以て知っているのでなければ、〈われわれが思惟する〉ということからして〈われわれは存在する〉ことがそれほど確実になるとは思われない、という反論者の主張（6^{ae} *Objectiones*, AT, t. VII, p. 413.）を、デカルトは一応は認めつつも次のように反論する。すなわち、〈自らが思惟していること〉また〈自らが存在していること〉を確知するためには、「反省知」や「論証によって獲得された知識」が要求されるということはない、そうではなくて、「そのことを、反省知に常に先行するところの、あの内的な認識によって知ればそれで十分なのであって、この内的な認識たるや、思惟についても存在についても、全ての人間に生得的なものなのである」。それゆえ、「自らが思惟するということ、そしてそこから自らが存在するということが帰結するということに気づき」さえすれば、たとえ以前に〈思惟とは何であるか〉また〈存在とは何であるか〉ということをまったく探求したことがなかったとしても、その人はこの両者を十分に満足するほどに知ることができるのである、と（6^{ae} *Responsiones*, AT, t. VII, p. 422.）。

なおまた、対話篇『真理の探求』のなかでも右と同じ意味の主張を次のように述べている。すなわち、「実際私は、存在とは何であるかということをまず学び知ったうえでなければ、自分が在るということを推論することも主張することもできないほどに愚かな人間がいたなどとは、信ずるわけにはゆきません。懐疑や思惟に関しても事情は同じです。さらに付け加えると、これらのことはそれ自身によってでなければ学び知ることはできず、またそれらについては、自ら自身の経験や各人がそれらを検討するときに自らのうちに見出すあの意識ないし内的証言によってでなければ、納得することができないのです。したがって、まったく目の見えない人に、白とは何であるかをわからせようとして、白の定義を与えても無駄であり、それをわれわれが知るためには、目を開いて白いものを見るだけで十分であるように、懐疑とは何であるか、思惟とは何であるかを知るためには、疑ったり思惟したりするだけで十分なのです」と（*Recherche de la vérité*, AT, t. X, p. 524.）。

いずれにせよ、単純な概念や一般的な命題は、〈コギト〉の内的経験を通してそれらの意味が付与され教えられるのであって、〈コギト〉の命題が導出されるための前提をなすものではないのである。

（16）　cf. 5^{ae} *Responsiones*, AT, t. VII, pp. 355-356.

（17）　2^{ae} *Responsiones*, *Definitio 1*, AT, t. VII, p. 160.

（18）　3^{ae} *Responsiones*, AT, t. VII, p. 174.

(19) *Ibid.*, p. 174.
(20) *Ibid.*, pp. 175–176.
(21) *Ibid.*, p. 176.
(22) *Regulae, Reg. 12*, AT, t. X, p. 423.
(23) cf. *Ibid.*, p. 423.
(24) *Descartes et Burman*, AT, t. V, p. 162.
(25) すなわち、「想像」においては、精神は受動である（隷従）のに、能動であるかに思う（恣意）、のである。
(26) *Descartes et Burman*, AT, t. V, p. 149.
(27) *3^{ae} Objectiones*, AT, t. VII, p. 173.
(28) *5^{ae} Objectiones*, AT, t. VII, p. 292.
(29) *5^{ae} Responsiones*, AT, t. VII, pp. 366-367.
(30) 後に詳しく述べるように、この〈知性と意志との絶対的一致〉という事態は神そのものの論理的表現として、〈永遠真理被造説〉のもとに展開される。
(31) 拙著『デカルト研究』創文社、一九九七年、八九頁以下（第二章「懐疑と時間」）参照。
(32) *Descartes au Marquis de Newcastle? mars ou avril 1648*, AT, t. V, p. 138.
(33) cf. *1^{ae} Responsiones*, AT, t. VII, p. 113.
(34) たとえば、ホッブズはそのような意味に解した。cf. *3^{ae} Objectiones*, AT, t. VII, p. 173.
(35) *Principia, I, 26 et 27*, AT, t. VIII-1, pp. 14-15.
(36) *Descartes et Burman*, AT, t. V, p. 154 et p. 167.
(37) *5^{ae} Objectiones*, AT, t. VII, p. 271; Gassendi, P., *op. cit.*, p. 173.
(38) *5^{ae} Objectiones*, AT, t. VII, pp. 271–273.
(39) *Ibid.*, AT, t. VII, p. 267.
(40) *5^{ae} Responsiones*, AT, t. VII, p. 359.

(41) *Descartes à Clerselier, 12 janvier 1646*, AT, t. IX-1, p. 216.

(42) 6^{ae} *Responsiones*, AT, t. VII, p. 435.

(43) *Ibid.*, AT, t. VII, pp. 441-442.

(44) *Ibid.*, AT, t. VII, p. 435.

(45) 様態を実体とともに（つまり、実体の様態として）捉えることにより、様態を無限の相のもとに（無際限の相のもとにではなく）知覚することが可能となる。

(46) 無限は有限を含むことによって（つまり、有限者の実在性を支持しつつこれを超えることによって）無限たりうるのである。

(47) *Descartes et Burman*, AT, t. V, p. 151.

(48) 3^{ae} *Responsiones*, AT, t. VII, p. 176.

(49) 5^{ae} *Responsiones*, AT, t. VII, p. 360.

Ⅲ 第三省察

(1) 小林道夫、前掲書、一八一頁。

(2) 同書、一八一頁。

(3) *Meditationes, Synopsis*, AT, t. VII, p. 13 et p. 15.

(4) 4^{ae} *Objectiones*, AT, t. VII, p. 214.

(5) 4^{ae} *Responsiones*, AT, t. VII, pp. 245-246.

(6) 2^{ae} *Responsiones*, AT, t. VII, pp. 140-141.

(7) 後に詳述するように、〈知性が同時に意志であるような働き〉のもとに〈永遠真理被造説〉が表明されるのであるが、それは〈神存在のア・プリオリな証明〉に結びつくのである。そして、〈コギト〉が、潜勢的にせよ、すでに神の存在証明に達しているという事態は、〈ア・ポステリオリな証明〉が〈ア・プリオリな証明〉を基礎づけるという事態と相即しているのである。

(8) たとえば、直線を直線として、あるいは三角形を三角形として理解するときには、知性の受動によって取りいれられた

〈事物の像〉に対応すべく、意志による〈知性の能動化〉のもとに〈いわば事物の像〉としての「観念」を形成するのである。

(9) *2^{ae} Responsiones, Definitio 2*, AT, t. VII, p. 160-161.

(10) *3^{ae} Responsiones*, AT, t. VII, p. 181.（傍点は引用者。）

(11) Rodis-Lewis, G., *L'oeuvre de Descartes*, 2 vols, Vrin, 1971, t. 1, pp. 272-273.

(12) *3^{ae} Responsiones*, AT, t. VII, p. 181. cf. *Descartes à Mersenne, 28 janvier 1641*, AT, t. III, p. 295.

(13) cf. *Passions de l'âme, art. 19*, AT, t. XI, p. 343.

(14) *Descartes à Regius, mai 1641*, AT, t. III, p. 372.

(15) cf. *Principia, I, 53*, AT, t. VIII-1, p. 25.

(16) cf. Rodis-Lewis, G., *op. cit.*, p. 273.

(17) *Descartes et Burman*, AT, t. V, p. 152. なお、「質料的虚偽」については、本書一〇八－一一〇頁を参照。

(18) 小林道夫、前掲書、一八六－一八七頁。

(19) これはフランス語訳原典からの補足である。（3e *Méditation*, AT, t. IX-1, p. 31.）

(20) *1^{ae} Objectiones*, AT, t. VII, p. 92.

(21) *Ibid.*, AT, t. VII, p. 92.

(22) このような事態がすでに述べた（本書六八－六九頁参照）「想像」の働きに他ならない。「想像」は〈事物を自らが作為する〉（言うなら、〈事物自体を無視する〉）ようにして、事物の〈現われ〉に何ものかを付加する働きであって、〈悪しき複合としての虚構〉に他ならなかった。

(23) *1^{ae} Objectiones*, AT, t. VII, p. 92.

(24) *1^{ae} Responsiones*, AT, t. VII, p. 102.

(25) *Ibid.*, AT, t. VII, p. 102.

(26) *2^{ae} Responsiones, Definitio 3*, AT, t. VII, p. 161.

(27) *1^{ae} Responsiones*, AT, t. VII, p. 103.

(28) *1^{ae} Objectiones*, AT, t. VII, p. 92, et *1^{ae} Responsiones*, AT, t. VII, p. 102.

(29) cf. *Descartes à Regius, juin 1642*, AT, t. III, pp. 566-567.

(30) cf. *2^{ae} Responsiones, Axioma 4*, AT, t. VII, p. 165.

(31) *3^{ae} Responsiones*, AT, t. VII, p. 185.

(32) あたかも〈表〉（表現）は〈裏〉（同じ1つの否定）によって貫かれて初めて——言うなら、同時には〈裏〉を表現することができないことによって初めて——〈表〉（表現）となりうる、という事態の如きである。

(33) *2^{ae} Responsiones, Axioma 5*, AT, t. VII, p. 165.

(34) *1^{ae} Responsiones*, AT, t. VII, pp. 103-104.

(35) *Ibid.*, AT, t. VII, p. 103. cf. *Principia, I, 17*, AT, t. VIII-1, p. 11.

(36) *Principia, I, 17*, AT, t. VIII-1, p. 11.

(37) *Descartes à Mersenne, 31 décembre 1640*, AT, t. III, p. 274.

(38) *1^{ae} Responsiones*, AT, t. VII, p. 108.

(39) *Ibid.*, AT, t. VII, p. 108.

(40) cf. *4^{ae} Responsiones*, AT, t. VII, pp. 239-240.

(41) *1^{ae} Responsiones*, AT, t. VII, pp. 108-109.

(42) これは、まず結果を措定したうえで、それに関する原因を尋ねるという態度である。本来の意味での「作用原因」を尋ねるということは、結果を通してではあるにせよ、唯ただ結果が原因といわば同時的に存立している——つまり、因果が〈産みつつある原因〉と〈産まれつつある結果〉との総合として存立する——かぎりにおいてのみ、果されうる。

(43) 〈原因のうちには、この原因の結果のうちにあるのと少なくとも同じだけの実在性がなければならない〉という場合、原因が結果のうちにあるのと同等の実在性を有するとき、原因は結果を「形相的に（formaliter）」含むといい、また、原因が結果よりも多くの実在性を有するとき、原因は結果を「優勝的に（eminenter）」含むという。

(44) *1^{ae} Responsiones*, AT, t. VII, p. 108.

(45) *4^{ae} Responsiones*. AT, t. VII, p. 238.

(46) *Ibid.*, AT, t. VII, p. 239.
(47) *Ibid.*, AT, t. VII, p. 239.
(48) 本書七四頁。
(49) *1ae Responsiones*, AT, t. VII, p. 109.
(50) この〈不動の動者〉としての全体は部分の有する実在性を支持していない。つまり、部分は存在することもしないこともできるような存在者でしかないのである。
(51) さまざまな〈度〉の系列の〈全体〉を把握するためには、いわば〈系列の外部〉へ出なければならない。この〈いわば外部〉を〈端的に外部〉とみなすならば、〈系列の単なる総和〉としての〈全体〉を〈内部〉とみなすことになる。
(52) Rodis-Lewis, G., *op. cit.*, p. 280.
(53) フランス語訳原典による補足。*3e Méditation*, AT, t. IX-1, p. 35.
(54) すでに、II第三節のなかで述べた如く（本書七九頁）、実体の様態は同時に思惟の様態でもあって、両者は別個のものでもあるかのように分離されてはならない。
(55) *5ae Responsiones*, AT, t. VII, p. 367.
(56) *4ae Responsiones*, AT, t. VII, p. 234.
(57) *Ibid.*, AT, t. VII, p. 232.
(58) *Ibid.*, AT, t. VII, pp. 234-235.
(59) *Ibid.*, AT, t. VII, p. 234.（〔 〕内は引用者の補足。）
(60) *Ibid.*, AT, t. VII, p. 234.
(61) *1ae Responsiones*, AT, t. VII, p. 105.
(62) *Descartes à Mersenne, juillet 1641*, AT, t. III, p. 392.
(63) *Ibid.*, AT, t. III, pp. 393-394; *3ae Objectiones*, AT, t. VII, pp. 186-187.
(64) *3ae Responsiones*, AT, t. VII, p. 188.
(65) Rodis-Lewis, G., *op. cit.*, pp. 283-284.

(66) *Descartes à Mersenne, juillet 1641*, AT, t. III, p. 394.

(67) 〈結果の原因が追求される〉ということは、〈当の結果は何故在るのかの原因がわからないけれども在る〉、ということを意味するが、原因の〈追求が行われているかぎりでは〉、〈何故在るのかの原因がわからない〉という側面が無視されて、ただ単に〈在る〉ということのみが主題化される。ここに、〈結果〉言うなら「観念」としての有限者が〈実在〉化されることになるのである。

(68) *Descartes et Burman*, AT, t. V, p. 153.

(69) 本書一〇九頁。

(70) *Principia, I, 26*, AT, t. VIII-1, p. 14.

(71) 5^{ae} *Responsiones*, AT, t. VII, p. 368.（傍点は引用者。）

(72) これはたとえば、数を数える際に〈1〉から〈2〉へ移るにも無限に触れねばならぬ、というのと同じ事態である。

(73) 5^{ae} *Responsiones*, AT, t. VII, p. 368.

(74) 1^{ae} *Responsiones*, AT, t. VII, p. 112.

(75) 3^{ae} *Responsiones*, AT, t. VII, p. 188.

(76) *Descartes à Regius, 24 mai 1640*, AT, t. III, p. 64. cf. 5^{ae} *Responsiones*, AT, t. VII, p. 365.

(77) 2^{ae} *Responsiones*, AT, t. VII, p. 139.

(78) 2^{ae} *Responsiones, Axioma 4, 5 et 6*, AT, t. VII, p. 165.

(79) *Descartes et Burman*, AT, t. V, p. 148.

(80) *Ibid.*, AT, t. V, p. 155.

(81) *Ibid.*, AT, t. V, p. 148. cf. 5^{ae} *Responsiones*, AT, t. VII, pp. 369-370.

(82) ここに、後述するところの〈永遠真理被造説〉が語られている。「保存」は本質の秩序を形成するが、「保存」が「創造」であるがゆえに（つまり、「創造」においては瞬間毎に生まれ変わるのであるにもかかわらず、それが同一のものとして「保存」される、ということ）、当の本質は偶然性を容れうるものである。かくして、事物の本質の被造性が語られることになるのである。

(83) 1^{ae} *Responsiones*, AT, t. VII, p. 109.
(84) *Ibid.*, AT, t. VII, p. 106.
(85) *Ibid.*, AT, t. VII, p. 109.
(86) *Ibid.*, AT, t. VII, p. 107.
(87) *Ibid.*, AT, t. VII, p. 111.
(88) *Ibid.*, AT, t. VII, p. 109.
(89) *Ibid.*, AT, t. VII, pp. 110–111.
(90) 4^{ae} *Responsiones*, AT, t. VII, p. 235.
(91) *Ibid.*, AT, t. VII, p. 236.
(92) *Ibid.*, AT, t. VII, pp. 236–237.
(93) *Ibid.*, AT, t. VII, p. 242.
(94) cf. *Ibid.*, AT, t. VII, p. 236 et p. 238.
(95) 神が〈不変〉で〈不動〉と形容されるのは、したがって、自己が自己を産出するとき、産出される自己は「自己結果」ではない、ということを意味している。
(96) 4^{ae} *Responsiones*, AT, t. VII, pp. 240–241.
(97) 5^{ae} *Responsiones*, AT, t. VII, pp. 370–371.
(98) *Ibid.*, AT, t. VII, p. 371.
(99) *Descartes à Clerselier, 23 avril 1649*, AT, t. V, p. 357.
(100) cf. *Descartes au P. Mesland, 2 mai 1644?*, AT, t. IV, pp. 118–119.
(101) 4^{ae} *Responsiones*, AT, t. VII, pp. 238–239.
(102) フランス語訳原典からの補足。3e *Méditation*, AT, t. XI-1, p. 41.
(103) 3^{ae} *Responsiones*, AT, t. VII, p. 189.
(104) 4^{ae} *Responsiones*, AT, t. VII, pp. 246–247.

(105) *2ae Responsiones*, AT, t. VII, p. 133.
(106) *5ae Responsiones*, AT, t. VII, p. 372.
(107) *Ibid.*, AT, t. VII, p. 372.
(108) *Descartes et Burman*, AT, t. V, p. 156. なお、「全体的な原因」については、本書一〇三頁を参照。
(109) *4ae Responsiones*, AT, t. VII, p. 243.
(110) *Ibid.*, AT, t. VII, p. 238.
(111) *1ae Responsiones*, AT, t. VII, pp. 113-114.
(112) このいわば〈啓示〉は、「第五省察」では〈ア・プリオリな証明〉のもとに〈論証〉となるであろう。

Ⅳ　第四省察

(1) *2ae Responsiones*, AT, t. VII, pp. 142-143.（［　］内は引用者の補足。）
(2) *6ae Responsiones*, AT, t. VII, p. 428.
(3) この〈神における知性と意志との絶対的一致〉が、後述する〈永遠真理被造説〉の一つの表現である。
(4) *6ae Responsiones*, AT, t. VII, p. 432.
(5) *Descartes au P. Mesland, 2 mai 1644?*, AT, t. IV, pp. 118-119.
(6) *Ibid.*, AT, t. IV, p. 113.
(7) *6ae Responsiones*, AT, t. VII, pp. 431-432.
(8) cf. *2ae Responsiones*, AT, t. VII, pp. 147-148; *Descartes au P. Mesland, 2 mai 1644?*, AT, t. IV, pp. 117-118.
(9) *Descartes et Burman*, AT, t. V, p. 158.
(10) *2ae Responsiones*, AT, t. VII, pp. 147-148.
(11) *Descartes au P. Mesland, 9 février 1645?*, AT, t. IV, p. 173.
(12) *6ae Responsiones*, AT, t. VII, p. 433.
(13) 「罪を犯しもする」という条りについては、『省察』の著者（デカルト）は「誤謬の原因」を探求するとき、特に「真と偽の識別の際になされる誤謬」について探求しているのであって、「善悪の追求において生起する誤謬」について探求しているのではないのであるから、その点を『省察』本文もしくは「概要」のなかで指摘すべきである、というアルノーからの反論（4^{ae} *Objectiones*, AT, t. VII, p. 215.）があったため、デカルトはその反論を受けいれて、そのことを「概要」のなかで注意している（*Meditationes, Synopsis*, AT, t. VII, p. 15.）。なお、4^{ae} *Responsiones*, AT, t. VII, pp. 247-248. をも参照。

（14）6^{ae} *Responsiones*, AT, t. VII, p. 433.

（15）ここに〈永遠真理被造説〉の一つの反映を認めることができる。

V　第五省察

（1）本書III第一節を参照。

（2）5^{ae} *Responsiones*, AT, t. VII, pp. 381-382.

（3）*Epistola ad Voetium*, AT, t. VIII-2, pp. 166-167.

（4）Rodis-Lewis, G., *op. cit.*, p. 315.

（5）〈真なる〉とは〈明証的に認識される〉という意味であって、〈現実的存在が対応する〉という意味ではない。すなわち、〈神の協力のもとで真なる〉ということであって、そこには〈可能的存在が対応する〉ということのみが含意されているのである。

（6）この〈不可分離的統一〉は〈可能的存在〉の相のもとでも抱懐されうる。本書一六三頁参照。

（7）このような事態が数学的本質に具わる必然性と被造性とを語るものである。数学的観念は〈本質〉としては存在しうるにせよ、〈存在〉それ自体に妥当するわけではない。現実的な〈存在〉は〈本質〉の考察からは独立に、新たに論証されなければならない。

（8）5^{ae} *Responsiones*, AT, t. VII, pp. 380-381.

（9）cf. 2^{ae} *Responsiones*, AT, t. VII, p. 150.

（10）2^{ae} *Responsiones, Postulatum 5*, AT, t. VII, p. 163.

（11）1^{ae} *Responsiones*, AT, t. VII, p. 118.

（12）*Ibid.*, AT, t. VII, p. 118.

（13）cf. 2^{ae} *Responsiones*, AT, t. VII, p. 152.

(14) *1^{ae} Responsiones*, AT, t. VII, p. 109.
(15) *2^{ae} Responsiones*, AT, t. VII, p. 152.
(16) *Ibid*., AT, t. VII, p. 152.
(17) *Descartes et Burman*, AT, t. V, p. 161.
(18) *Ibid*., AT, t. V, p. 161.
(19) *Ibid*., AT, t. V, p. 160.
(20) *Ibid*., AT, t. V, p. 161.
(21) *1^{ae} Responsiones*, AT, t. VII, p. 116.
(22) *2^{ae} Responsiones, Propositio 1, Demonstratio*, AT, t. VII, p. 167.
(23) *2^{ae} Responsiones, Postulatum 5*, AT, t. VII, p. 163.
(24) *5^{ae} Responsiones*, AT, t. VII, p. 380.
(25) *Descartes à Mersenne, 15 avril 1630*, AT, t. I, p. 145.
(26) *Descartes à Mersenne?, 27 mai 1630?*, AT, t. I, p. 153.
cf. *Descartes au P. Mesland, 2 mai 1644?* AT, t. IV, p. 119; *Principia, I, 23*, AT, t. VIII-1, p. 14.
(27) 〈永遠真理被造説〉と〈神存在のア・プリオリな証明〉との関係についての詳しい検討は、前掲拙著四〇頁以下を参照。
(28) *Descartes au P. Mesland, 2 mai 1644?*, AT, t. IV, pp. 118-119.
(29) cf. *Ibid*., AT, t. IV, p. 119.
(30) Boutroux, E., *Des vérités éternelles chez Descartes*, thèse latine traduite par M. Canguilhem, Alcan, 1927, pp. 67-68.
(31) *Descartes au P. Mesland, 2 mai 1644?*, AT, t. IV, p. 118.
(32) Rodis-Lewis, G., *op. cit*., p. 328.

Ⅵ 第六省察

(1) *Principia, I, 60*, AT, t. VIII-1, p. 28.
(2) 本書七三頁参照。

（3）すでに述べた如く、デカルトは知性的認識を感性的認識との連続性のもとに論じていた。デカルトは本質的に受動的である「知性」の働きの典型を「感覚」に認めていたのである。（本書四四頁参照。）

（4）デカルトはアルノーの意見を受けいれて、引用の一句を書き加えた（*4^{ae} Objectiones*, AT, t. VII, p. 215.）。

（5）*4^{ae} Responsiones*, AT, t. VII, pp. 225-226.

（6）*4^{ae} Objectiones*, AT, t. VII, pp. 200-201.

（7）*4^{ae} Responsiones*, AT, t. VII, p. 220.

（8）*Ibid.*, AT, t. VII, pp. 220-221.

（9）*Ibid.*, AT, t. VII, pp. 221-222.

（10）*1^{ae} Responsiones*, AT, t. VII, pp. 120-121.

（11）*Ibid.*, AT, t. VII, p. 121.

（12）Rodis-Lewis, G., *op. cit.*, p. 338.

（13）*Ibid.*, pp. 338-339.

（14）*4^{ae} Responsiones*, AT, t. VII, pp. 228-229.

（15）*Principia, I, 60*, AT, t. VIII-1, p. 29.

（16）*4^{ae} Responsiones*, AT, t. VII, p. 229.

（17）*Descartes au P. Mesland, 2 mai 1644?*, AT, t. IV, p. 120.

（18）Rodis-Lewis, G., *op. cit.*, p. 340.

（19）*Descartes au P. Gibieuf, 19 janvier 1642*, t. III, p. 474.

（20）*Principia, II, 1*, AT, t. VIII-1, p. 40.（傍点は引用者。）

（21）*Ibid.*, AT, t. VIII-1, p. 40.

（22）*Ibid.*, AT, t. VIII-1, pp. 40-41.

（23）Rodis-Lewis, G., *op. cit.*, p. 350.

（24）*Ibid.*, p. 350.

（25）〈精神と物〔身〕体との実在的区別〉と〈物体的事物の存在証明〉とに関しては、前者は後者に〈私の思惟の秩序〉においては先行すると言えるが、〈事物の真理の秩序〉においては両者は不可分離的である。そのかぎり、前者の証明を遂行するために後者を援用する必要はまったくない（Gueroult, M., *Descartes selon l'ordre des raisons*, 2 vols, Aubier, 1953, t. 2, p. 67.）とは言える、がしかし、前者は後者を前提するのであり、しかも、後者は〈精神と物〔身〕体との合一〉を本質的要素として含む以上、前者の証明はこの〈合一〉の事実に依拠している、と主張して、そこに「デカルトのパラドックス」をみようとする（Gilson, E., *Etudes sur le rôle de la pensée médiévale dans la formation du système cartésien*, Vrin, 1951, p. 245, cf. p. 300.）ことは、誤りであると言われねばならない。

（26）小林道夫、前掲書、二八五頁。

（27）デカルトは、精神に関する「思惟」の概念、物〔身〕体に関する「延長」の概念、およびそれらの結合による「心身合一」の概念を「原始的概念（notions primitives）」と規定し、それらは各々独自の仕方で認識されるのであって、相互の比較によっては認識されぬものであり、それらの概念の一を以て他を説明しようとするところにわれわれの誤謬の主要な原因は存する、と述べている。（*Descartes à Elisabeth, 21, mai 1643*, AT, t. III, pp. 665-666; *Descartes à Elisabeth, 28 juin 1643*, AT, t. III, p. 691.）

（28）*Descartes à Regius, mi-décembre 1641*, AT, t. III, pp. 460-461.

（29）*Passions de l'âme, art. 30*, AT, t. XI, p. 351.

（30）*Ibid.*, AT, t. XI, p. 351.

（31）cf. 6^{ae} *Responsiones*, AT, t. VII, pp. 423-424.

（32）*Descartes à Regius, janvier 1642*, AT, t. III, p. 505.

（33）*Descartes au P. Mesland, 9 février 1645?*, AT, t. IV, p. 168.

（34）*Descartes au P. Mesland, 1645 ou 1646?*, AT, t. IV, p. 346.

（35）*Descartes au P. Mesland, 9 février 1645?*, AT, t. IV, p. 166.（傍点は引用者。）

（36）*Passions de l'âme, art. 6*, AT, t. XI, pp. 330-331.

（37）前掲拙著、三三四－三三六頁参照。

(38) *Descartes à Meyssonnier, 29 janvier 1640*, AT, t. III, pp. 19-20.
cf. *Descartes à Mersenne, 30 juillet 1640*, AT, t. III, p. 123; *Passions de l'âme, art. 31*, AT, t. XI, pp. 351-352.

(39) *Passions de l'âme, art. 18*, AT, t. XI, pp. 342-343.

(40) *Descartes pour Arnauld, 29 juillet 1648*, AT, t. V, p. 222.

(41) Rodis-Lewis, G., *op. cit.*, p. 358.

(42) *Passions de l'âme, art. 31*, AT, t. XI, pp. 351-352.

(43) *La Dioptrique, Discours IV*, AT, t. VI, pp. 109-114.

(44) *Descartes et Burman*, AT, t. V, pp. 163-164.

(45) *Meditationes, Synopsis*, AT, t. VII, pp. 15-16.

あとがき

本書はデカルトの主著である『省察』を、その論の運びにできるかぎり忠実に従いながら、読み解こうとする試みである。その試みを支えるものは、デカルトにおける「作用原因」なる概念のデカルト独自の解釈から導き出された、〈産出しつつある原因〉といわば同時的に存立する〈産出されつつある結果〉としての「観念」、という知見である。この知見が、〈方法的懐疑〉を通していかなる仕方で引き出され、〈神の存在証明〉と〈物体の存在証明〉とを通して、〈連続創造説〉ならびに〈自己原因説〉さらには〈永遠真理被造説〉のもとに、いかに具体的に展開されていったか、その過程をできるかぎり克明に辿った。その際、常に念頭に置いたのは、『精神指導の規則』のなかの次のような一節である。

「なお、〈直観〉という語とか、また今後私がこれと同様に通常の意味を離れて用いざるをえぬであろう他の語の新たな用法が、もしかすると奇異に感ぜられるということのないように、ここで私は次のような一般的な注意を与えておくことにする。すなわち、同じ名称を用いてまったく異なることを意味させるのはきわめて困難なことであろうから、近来学校においてそれぞれの名称がどのように用いられてきたかについては、私は少しも考慮を払わない、私はただ、個々の語のラテン語としての意味に注目するだけである、その結果、もし固有の語の見当らぬ場合には、もっとも適当であると私に思われるものを、私自身の意味へと転用するであろう。」(*Regulae, Reg.* 3, AT, t.x, p.369.)

そのようなわけで、私は、『省察』のいわばデカルト自身による読解に近づけるよう、努めた。そのために、『反論と答弁』、『書簡』、『ビュルマンとの対話』などを最大限に活用して、研究文献の類は、意図的に、できるかぎり参照しないように努めた。

本書は、先に刊行した『デカルト研究』（創文社、一九九七年）を基礎にしている。その内容に全面的な検討を加え、『省察』の立論の順序に合わせて書き直したものであるが、論述に重複するところも多々あることをお断りしておく。

知泉書館の小山光夫氏と髙野文子氏には、出版にかかわるあらゆる事柄についてご尽力いただいた。心よりお礼を申し上げたい。

二〇〇五年九月

福居　純

索　引

あ　行

か　行

さ　行

た　行

な　行

は　行

ま　行

や・ら　行

福 居　純（ふくい・あつし）

1938年愛媛県に生まれる．東京大学教養学部教養学科卒業．東京大学大学院人文科学研究科博士過程単位取得．西洋近世哲学専攻．現在，立正大学文学部教授．一橋大学・東京都立大学名誉教授．博士（文学）．
〔著書〕『デカルト研究』（創文社，1997年），『スピノザ『エチカ』の研究－『エチカ』読解入門』（知泉書館，2002年）他．

〔デカルトの「観念」論〕　ISBN4-901654-59-4

2005年10月25日　第1刷印刷
2005年10月31日　第1刷発行

著　者　福　居　　純
発行者　小　山　光　夫
印刷者　向　井　哲　男

発行所　〒113-0033 東京都文京区本郷1-13-2
電話(3814)6161　振替 00120-6-117170
http://www.chisen.co.jp
株式会社 知 泉 書 館

Printed in Japan　印刷・製本／藤原印刷